Das bisschen Alter kann uns mal

Helge Holm

Helge Holm

Das bisschen Alter kann uns mal

Humorvolle Tipps für eine glückliche zweite Lebenshälfte

DeBehr

Herausgeber: Verlag DeBehr, Radeberg
Erstauflage: 2021
ISBN: 9783957538710

Inhalt

Vorwort

Kennen Sie das auch?

Den ganz normalen Wahnsinn, wenn Sie die 50 hinter sich gelassen oder vielleicht sogar die 60 bereits erreicht haben.
Ruhe- und rastlos wie ein Herbststurm durchzieht das Leben die Tage, weil die Zeit gefühlt immer schneller vergeht. Die noch verbleibende Lebenszeit vor Augen und auf der Suche nach Genuss stellen Sie sich regelmäßig die Sinnfrage.

Die Kinder sind aus dem Haus, die tägliche Arbeit verläuft routiniert, die Finanzen sind geordnet, das Haus bestellt und der Alltag ist geregelt. Den Ruhestand erreicht oder ihn direkt vor Augen, suchen Sie Ihren künftigen Platz. Was ist nun Ihre Bestimmung? Eigentlich müssen Sie niemandem mehr etwas beweisen. Sie haben es aber Ihr ganzes bisheriges Leben gemusst und nun fühlen Sie sich wie in einem Hamsterrad, das weiterläuft. Aussteigen geht nicht. Hebel umlegen ist schwierig. Wie meistern Sie die verbleibende Zeit und was erwartet sie noch? Rückblick und Vorausschau wechseln sich ab.

Loriot hat es vorgemacht. Sein „Pappa Ante Portas“ war ein beispielhaftes Meisterwerk über den holprigen Übergang vom Arbeitsleben in den Ruhestand. Wenn Sie diesen Status erreicht haben oder sich kurz davor befinden, erleben Sie den alltäglichen Wahnsinn:
Die Suche nach sinnstiftenden Tätigkeiten bei gleichzeitig nachlassenden körperlichen und geistigen Kräften, die zunehmende Auseinandersetzung mit Krankheiten im Alter oder beginnenden kleineren Gebrechlichkeiten, die Frage nach der verbleibenden Zeit, die panische Suche nach dem Genuss im doch so verdienten Ruhestand, die Erziehungsprobleme Ihrer

Kinder bei Ihren Enkeln und warum Sie dazu nicht gefragt werden, die hektische Suche nach neuen Zielen … und manches mehr.
Was uns in dieser Zeit begleitet, ist die banale Alltäglichkeit, der wir im aktiven Berufsleben erfolgreich aus dem Weg gehen konnten – zumindest immer dann, wenn wir arbeiten durften.
Sie aufzuarbeiten mit Wahrheiten, denen wir ins Auge sehen müssen, Altersweisheiten, die uns immer stärker umgeben, Ratschlägen, die unsere Nachkommen eigentlich gar nicht brauchen und den kleinen, aber feinen täglichen Unzulänglichkeiten, begleiten uns nun.

Dabei wollen wir gar keine Rückwärtsbetrachtung anstellen. Wir schauen nach vorn, auch wenn wir nichts sehen. Es reichte schon, eine Biografie über die Vergangenheit geschrieben zu haben. Nach ihrer Fertigstellung war es eine innere Befreiung und auch Befriedigung. Aber egal, ob es die Biografie ist, mit der die Vergangenheit aufgearbeitet wurde oder die Tagebücher oder auch die Urkunde für die langjährige und verdiente Berufstätigkeit.
Alle diese Meilensteine im Leben zeigen im Wesentlichen eines: „Das war's"! Eine Etappe ist durchlaufen, es ist vorbei und geht trotzdem noch weiter – was nun?

Sie denken an die „Goldene Kamera für das Lebenswerk", die alljährlich im Fernsehen einem verdienten Künstler verliehen wird, der dafür das richtige Alter erreicht hat. Mit ihrer Verleihung schwingt so ein bisschen das Gefühl mit, der Geehrte möge nun Ruhe geben und bitte keine neuen Veröffentlichungen oder Projekte ankündigen. Der Preis soll doch ein Abschied sein. Letzter Akt.
Geh' mit Gott im Glanze des Beifalls der ganzen Prominentenschar – aber geh'!

Trotzdem bleibt die Erkenntnis, dass, so lange wir leben, selbst ein solcher Preis für das Lebenswerk nur eine Etappe sein wird. Der Empfänger des Preises geht ja nicht anschließend direkt zum Bestatter und verfügt seine Beerdigung. Es geht also doch noch weiter. Sich vor Augen zu führen, dass ein wesentlicher Teil des Lebens vorbei ist, bleibt dennoch schmerzhaft. Will ich dann einen solchen Preis überhaupt bekommen?

Es tröstet zu sehen, Prominente haben die gleichen Probleme wie „normale“ Menschen. Sie sind es doch auch. Die Fallhöhe ist sogar größer bei Ihnen, was es eher schwerer macht.
Haben Sie zu Glanzzeiten gern mal ihre normale Seite gezeigt und sich beim Abwaschen oder Bügeln filmen lassen, um zu zeigen, dass sie es auch beherrschen, so mögen sie das plötzlich nicht mehr, wenn sie es öfter tun sollen oder gar müssen.
Ein Trost in dem Augenblick, an dem Otto-Normalbürger von seinem letzten Arbeitstag mit Blumen überhäuft und mit Glückwunschkarten versehen zu Hause ankommt und mit den Worten empfangen wird: „Hallo Liebling, wie war es?“ … dabei will sie es gar nicht so genau wissen. Dafür hat sie eine andere Botschaft: „Du, ich habe mir schon mal überlegt, wie wir ab heute den Haushalt aufteilen. Du findest den Plan auf dem Wohnzimmertisch.“
Sie könnten in einer solchen Situation entgegnen, sie hätten nun endlich Zeit für die Dinge, die sie schon immer mal machen wollten, es aber bisher nicht geschafft haben, weil sie ja täglich arbeiten mussten. Was war das noch gleich? Ach ja … Den Keller aufräumen und die Dachkammer entrümpeln. Nun ja …dazu haben Sie nun partout keine Lust. Hatten Sie früher schon nicht. Genau genommen würde man dann lieber doch noch arbeiten gehen.

Prompt fällt auch Ihrer Gattin diese alte und immer noch nicht

abgearbeitete „To-do-Liste“ ein. Eilig schiebt sie nach: „… oder räum doch endlich mal den Keller auf.“
Nach kurzem Nachdenken sagen Sie leicht resigniert: „Ich kann ja mal einen Blick auf deine Liste mit dem Haushalt werfen.“

Was erwartet uns Zeitgenossen im besten Alter? Entdecken wir Neues? Verfangen wir uns im Alltagstrott? Verzweifeln wir an Langeweile? Bauen wir Kontakte auf oder ab? Möchten wir die Uhr zurückdrehen? Und wie nehmen wir jetzt unsere Umgebung wahr und wie nimmt sie uns wahr?
Diese und etliche weitere Fragen rund um den Alltag im Leben reiferer Menschen sind das Leitbild dieses Buches. Die Themen sind teils ernst, teils humorvoll dargestellt.

Ich wünsche Ihnen viel Spaß bei der Lektüre und hoffe, Ihnen einige Erkenntnisse vermitteln zu können, die Ihnen für den Fall der Fälle nützlich sind!

Helge Holm

Das Arbeitsleben oder was davon übrig geblieben ist

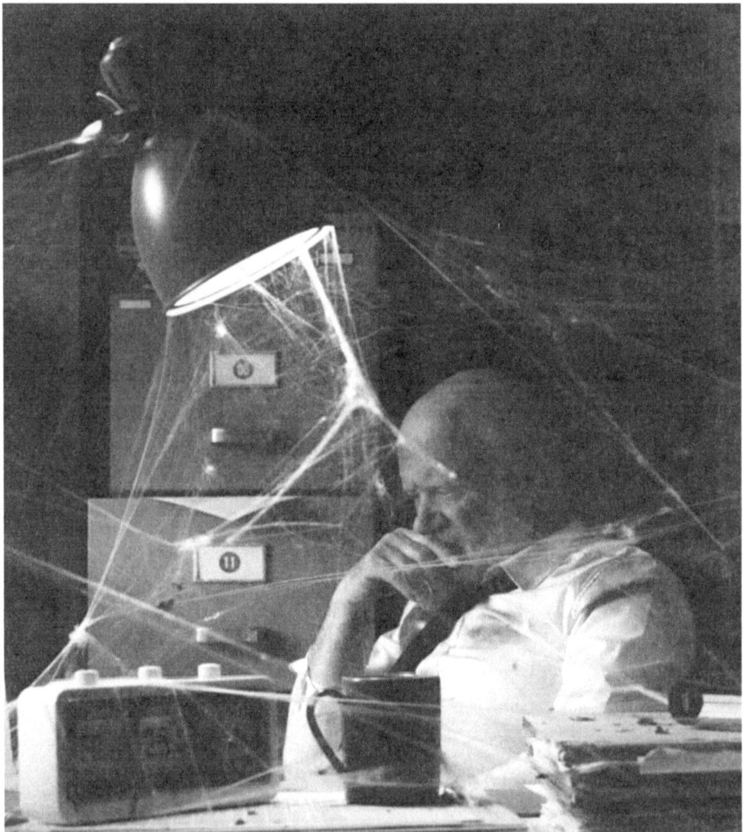

Berufliche Entschleunigung - Die Karriere wird unwichtiger

Wann haben Sie zum ersten Mal darüber nachgedacht, wie lange Sie in Ihrem Beruf arbeiten wollen und wann Sie in den Ruhestand gehen möchten? Okay, nicht jeder kann sich das nach eigenem Belieben aussuchen. Das gesetzlich vorgegebene Renteneintritts- oder Pensionsalter nimmt uns normalerweise diese Entscheidung ab. Das sehen viele als unumstößlich an. Sei es, dass sie sowieso nicht früher ausscheiden möchten oder es aus finanziellen oder sonstigen Gründen gar nicht wollen.
Der Trend ist hingegen ein anderer. Bereits meine Generation der Babyboomer, alle zwischen 1955 und 1969 geboren, markiert einen Trendwechsel. Die Babyboomer wollen mehr von ihrer Freizeit, sehen sich als „Reiseweltmeister" und „Erlebnisgesellschaft", selbst wenn die Reiselust in Zeiten der Corona-Pandemie einstweilen zum Erliegen gekommen ist. Das wird aber nicht so bleiben. Während ich diese Zeilen schreibe, sind wir mitten im zweiten Lockdown, kurz nach Weihnachten 2020. Momentan geht nichts, aber der seit Kurzem eingesetzte Impfstoff bringt hoffentlich bald wieder die Normalisierung.

Gleichwohl – der Beruf steht nicht mehr bei allen an erster Stelle. Die Freizeit, die Familie, Hobbys und Selbstverwirklichung sind für immer mehr Menschen wichtiger oder zumindest gleichrangig.

Als Berufsanfänger haben die meisten jungen Menschen Karriereziele, die sie verfolgen. Im Alter von 20 bis 30 Jahren starten sie durch und erklimmen berufliche Hürden. Das setzt sich bei dem einen oder anderen bis Mitte 40 fort. Frauen bekommen in dieser Zeit ihre Kinder und die berufliche Situation wird neu beleuchtet. Das betrifft Frauen und Männer gleichermaßen. Jedoch: Ist das Haus noch abzubezahlen, fehlen noch Beschäftigungsjahre für die spätere Rente oder gibt es berufliche Chancen, geht es einstweilen weiter wie bisher im Arbeitsleben ... bis zum „Turning Point“. Irgendwann ist er da und der Kopf fängt an, bislang Verbotenes zu denken: Warum arbeite ich noch? Wie lange soll es gehen? Kann ich daran etwas drehen ...?

Woher kommen diese Gedanken?
Der berufliche Weg ist weitgehend durchschritten, der Rest davon ist absehbar, die Karriereziele sind erreicht oder werden für immer unerreichbar bleiben, Routine bestimmt den Berufsalltag. Und es wird zunehmend langweiliger. Routinierte Arbeit ist nach Jahren nicht mehr automatisch spannend. Auch leckere Burger schmecken irgendwann fad, wenn man nichts anderes mehr isst.
Verfahrensabläufe, die schon immer lästig waren, nerven zunehmend stärker. Bestimmte Macken der Kollegen oder Chefs lassen sich immer schwerer ertragen. Die Motivation hat gelitten. In offenen Gesprächen unter Kollegen fällt schon mal die Bemerkung, man habe schon länger keine Lust mehr. Der grippale Infekt, früher kein Arbeitshindernis, wird inzwischen zu Hause vollständig auskuriert. Auch wenn das ein paar Tage länger dauert. Und er kommt öfter als früher. Fortbildungsangebote sind nicht mehr so wichtig. Parolen wie „Lernen ist schwimmen gegen den Strom - Wer damit aufhört, fällt zurück“, interessieren nicht mehr. Die Karriere wird unwichtiger. Der modische Begriff dafür lautet „Downshifting“. Wörtlich übersetzt bedeutet das „herunterschalten“ bzw. gleich „weniger arbeiten“. Raus aus dem Hamsterrad. Die eingetretene Demotivation wird schließlich flankiert und manchmal forciert durch den Vergleich mit Freunden, Nachbarn und Kollegen. Maßstab ist derjenige, der am meisten genussvolle Lebenszeit für sich

herausgeholt hat und als Erster die Arbeitserleichterungen genießen kann. Wenn der Nachbar mit 50 oder 55 Jahren bereits nicht mehr (haupt-)erwerbstätig ist, so ist das ein Thema oder Leitbild zum Nacheifern. Der Kopf arbeitet, wann immer man dem Nachbarn begegnet, versucht, sich vorzustellen, wie er das hinbekommen hat. Finanziell, persönlich, beruflich. Unweigerlich taucht die Frage auf, ob man es nachmachen kann. Warum man sich selbst noch täglich dieser für sich so empfundenen Tortur aussetzen muss.

Situationsbeschreibungen wie diese führen manche in den krankheitsbedingten Ruhestand, als Burnout-Fälle. Auch Mobbing verdrängt zunehmend willige Arbeitnehmer aus dem Prozess. Andere erklären die „innere Kündigung" und machen einfach weiter, weil sie keinen Lösungsweg sehen. Aber die Frage für sie bleibt: Wie kann ich die Situation zum Positiven für mich verändern?

Eine generelle Antwort gibt es nicht. Die Vielzahl und Verschiedenartigkeit aller Berufe und der bereits bis zum „Turning Point" hinter sich gebrachte Lebensweg lassen nur eine individuelle Antwort darauf zu. Eine genaue Prüfung der Möglichkeiten vorausgeschickt.

Generell sollten Sie Schnellschüsse vermeiden. Den Job wegzuwerfen und damit nicht rückholbare Fakten zu schaffen, empfiehlt sich nicht. Analysieren Sie stattdessen Ihre Unlust und Demotivation. Stellen Sie für sich fest, woran es liegt, warum es nicht mehr flutscht. Und drücken Sie lieber mal die Pausentaste.
Im Klartext: Wenn Sie das berufliche Umfeld für sich nicht positiv verändern können, testen Sie mal, wie es Ihnen ohne tägliche Arbeit im Hauptberuf geht! Wie das geht? Lassen Sie

sich eine bestimmte Zeit beurlauben und überprüfen Sie, wie Ihnen das bekommt. Natürlich bedarf es einiger Vorbereitung. Die finanziellen Ausfälle sollten Sie kompensieren können. Entweder durch eine Neben- oder Ersatztätigkeit oder mittels vorhandener Rücklagen. Bedenken Sie vor allem, dass Ihnen damit acht bis neun Stunden zusätzlicher Freizeit täglich zur Verfügung stehen. Zeit, die Sie möglichst sinnvoll für sich nutzen können, besser sollten.
Wenn der erste Erholungseffekt eingetreten ist, nach ausgiebiger Feier oder einem kleinen Urlaub, brauchen Sie einen Tagesinhalt. Kopf und Körper wollen fit gehalten werden.

Wenn Sie denken, dass der Schritt in die Beurlaubung ein zu großer Einschnitt sein würde oder betrieblich nicht möglich ist, so bleibt noch die Reduzierung der wöchentlichen Arbeitszeit. Flexible Arbeitszeitgestaltung ist beliebt und wird von immer mehr Betrieben und Unternehmen angeboten. Auch das ließe sich zunächst versuchsweise für eine bestimmte Zeit vereinbaren.

Ich habe diese Erfahrung selbst gemacht und mich ein Jahr lang freistellen lassen. Es ging mir dabei nicht um irgendwelche Weltreisen oder andere Hobbys, sondern schlicht um ein Leben außerhalb des bisherigen Berufs. Dass der eine oder andere Kollege oder Vorgesetzte meinen Wunsch etwas merkwürdig fand oder nicht nachvollziehen konnte, damit lebte ich gut.
Einen Nebenerwerb mit relativ freier Zeiteinteilung und einige künstlerische und schriftstellerische Aktivitäten, die bisher viel zu kurz gekommen sind, sorgten mir dabei für notwendige Beschäftigung und etwas Einkommen. Dabei hat mir geholfen, dass ich zuvor bereits einige Jahre zeitweise im damals noch gar nicht so bekannten „Homeoffice“ verbracht habe. Der

Übergang dahin war ein Einschnitt, an den man sich gewöhnen musste. Keine Kontrolle, viel Vertrauensvorschuss, keine Kollegen in der Nähe, ab und zu Motivationsprobleme und sicherlich eine gewisse soziale Entfremdung vom Unternehmen, gehörten dazu. In meinem Fall war es eine Behörde. Da ist man sich für gewöhnlich sowieso fremd. Aber ein guter Übergang in den Ausstieg ist es allemal, weil man bereits lernt, für die eigene Organisation und Strukturierung des Tagesablaufs zu sorgen. Niemand ist da, der einen in Empfang nimmt und die Tagesverwendung vorgibt. Natürlich … in Grenzen passiert das auch hier, aber wenn die Tätigkeit im Homeoffice mit gleitender Arbeitszeit gekoppelt ist, entscheiden Sie selbst, wann und wie viel Sie arbeiten. Es ist wohl die Zukunft der Arbeitswelt. Eine Mischform aus Homeoffice und Präsenzzeiten im Unternehmen. Die Corona-Pandemie beschleunigt diesen Prozess erheblich.
Für die nötige Kontrolle sorgt die elektronische Aktenführung. Und wenn Sie den Kollegen sprechen wollen – rufen Sie ihn an! Die Arbeitgeber sind aufgrund der Kostenersparnis in den Büros dem Homeoffice nicht abgeneigt. Es spricht also vieles dafür, dass sich diese Form der Tätigkeit überall dort, wo es geeignet erscheint, weiter ausbreitet. Irgendwann vermissen Sie dann auch die Kollegen nicht mehr. Vor allem ärgern Sie sich nicht mehr über deren Macken, weil Sie sie nicht mehr ertragen müssen. Ist Ihnen etwas die Distanz zu Ihren Kollegen über die Jahre verloren gegangen – im Homeoffice wird sie wieder hergestellt.

Nach einem Jahr der Beurlaubung sollten Sie wissen, wohin die künftige Reise geht.
Wenn Sie feststellen, sich überwiegend gelangweilt zu haben, war es der falsche Schritt oder er kam zu früh. Wie haben Sie Ihre Zeit verbracht? Prüfen Sie sich! Haben Sie drei Mal so

häufig den Rasen gemäht, ohne dass das an der Vegetation lag oder erhöhten sich Ihre Liegezeiten auf dem Sofa bei gleichzeitig zunehmender Übergewichtigkeit, so sind das Anzeichen, dass Ihnen die Auszeit vielleicht doch nicht nur gut bekommt.

In diesem Fall kehren Sie zurück ins Berufsleben und haben bestenfalls eine Erholung erfahren, frische Kräfte gesammelt und sind neu motiviert.
Stellen Sie aber fest, sich gedanklich von Ihrer bisherigen Berufstätigkeit mehr und mehr zu lösen und keinen Rückkehrwunsch zu spüren, praktisch nichts zu vermissen, und wenn auch ihr „neues Leben“ Ihnen bedeutend besser gefällt, steht eine Entscheidung an.

Für alle, die mit Ihrem Beruf „verheiratet“ sind und damit auch glücklich und gesund, gibt es keinen zwingenden Veränderungsbedarf. Jedoch sind die Möglichkeiten, sein Leben in der zweiten Lebenshälfte selbstbestimmt, kreativ, gesund und vor allem aktiv zu gestalten, sehr vielschichtig. Entdecken Sie die Möglichkeiten! Und bedenken Sie die Erfahrung vieler, die irgendwann reich aber krank geworden sind und sich zu spät der wahren Werte besinnen konnten.

Der Übergang in den (Vor-)Ruhestand als Herkulesaufgabe - Tipps und Hinweise zum Entschleunigen, Aussteigen, (Vor-)Ruhestand planen oder schlicht für die zweite Lebenshälfte

Für die meisten kommt der berufliche Ruhestand nicht von heute auf morgen. Und schon gar nicht aus heiterem Himmel. Dennoch trifft es viele unvorbereitet. Dabei wird zurecht immer wieder darauf hingewiesen, seinen Ruhestand gründlich und strategisch zu planen. Schließlich gilt es, mit der neuen Situation und mit viel mehr Freizeit umgehen zu können.

Trifft es einen doch unerwartet, etwa weil man aus gesundheitlichen oder betrieblichen Gründen mehr oder weniger plötzlich verrentet wird, wie in der humorvollen, augenzwinkernden und zugleich lehrreichen Filmkomödie von Loriot – Pappa ante Portas, 1991 –, sucht man verzweifelt nach seinem Platz in der

Familie, nach Sinn, Aufgaben und fühlt sich unterfordert oder abgeschoben.
Meinungsverschiedenheiten mit dem Partner, Spannungen in der Familie und möglicherweise Depressionen sind die Folge.

In dem Kapitel „Berufliche Entschleunigung – Die Karriere wird unwichtiger“ habe ich dargestellt, auf welche Weise es gelingen kann, der beruflichen Aktivität die Priorität im Leben zu nehmen.
Gleichzeitig lesen Sie dort, wie Sie mit einem Ausstieg auf Zeit den Härtetest mit dem Ruhestand bestehen können. Gelingt es Ihnen, diese Möglichkeiten für sich zu nutzen, so haben Sie einen Realitätscheck, der Ihnen zeigt, ob Sie für den Ruhestand (schon) geeignet sind oder besser noch täglich das Haus verlassen sollten.

Wie aber stellt sich die Situation in Deutschland allgemein dar? Wie denkt die Bevölkerung über einen vorzeitigen Ruhestand?

Der Faktencheck klärt auf:

Faktencheck Rente
Jeder Fünfte geht mit Abschlägen in Rente

Insgesamt gingen 2019 rund 184 000 Menschen mit Abschlägen in Rente. 816.000 Personen wechselten laut Deutscher Rentenversicherung insgesamt in die Rente. 2010 waren es mit rund 320.000 von damals rund 674.000 Altersrenten im Zugang noch deutlich mehr – 47,5 Prozent. Vor allem Frauen nehmen die mit einem früheren Rentenbeginn verbundenen Abschläge in Kauf.
Zur Wahrheit gehört aber auch:
Viele Menschen gehen nicht freiwillig mit Abschlägen vorzeitig in Rente." Demnach tun sie das unter anderem, "weil sie gesundheitlich nicht mehr können, aufgrund ihres Alters keine Perspektive mehr auf dem Arbeitsmarkt haben oder vom Jobcenter zwangsverrentet werden.“

Viele Versicherte hatten auch die Möglichkeit genutzt, bereits im Alter ab 63 nach 45 Versicherungsjahren ohne Abschläge die Altersrente für besonders langjährig Versicherte in Anspruch zu nehmen.

Quelle: Peiner Nachrichten
https://www.peiner-nachrichten.de/politik/inland/article230227898/

Es gibt einige Dinge, die Sie sich vorher überlegt haben sollten. Zunächst einmal meine ich damit, was oder vielmehr wer Sie zu Hause erwartet. Geht man mit Ihrem (Vor-)Ruhestand allgemein entspannt um? Wünscht man sich Ihre Verrentung oder

ist der pure Gedanke daran, Sie nunmehr 24 Stunden am Tag aushalten zu müssen, für Ihre Familienangehörigen der blanke Horror? Und was erwartet Sie an Aufgaben, die eigens für Sie aufgespart worden sind? Bekommen Sie ab sofort die Reinigung und den Spüldienst übertragen, während Sie bisher nur nach entsprechender Aufforderung alle zwei Tage den Mülleimer herunterbringen mussten? Befindet sich die Mehrheit der Räume Ihres Hauses oder Ihrer Wohnung in renovierungsbedürftigem Zustand und wartet nur auf Sie?
Sie haben möglicherweise Ihren eigenen Plan, was Sie künftig tagsüber machen wollen, aber rechnen Sie zwingend mit den Plänen der anderen Familienmitglieder bzw. Ihres Lebenspartners. Harmoniert das?
Es wäre ungünstig, wenn sich bereits nach einer Woche wohlverdienten Ruhestands alle Ihre Angehörigen wünschten, Sie würden noch arbeiten. Es wäre auch ungünstig, wenn sich Ihr Blutdruck nach dem Ausscheiden aus dem Berufsleben allen Erwartungen entgegengesetzt entwickeln und signifikant ansteigen würde.
Also vergessen Sie nicht: Gute Vorbereitung ist wichtig. Bereiten Sie sich und alle anderen Angehörigen auf die neue Situation vor.

Was ist Ihr Plan für die acht Stunden plus Fahrzeit, die Sie bisher im Hauptberuf verbracht haben? Wenn wir von den oben geschilderten Hausarbeiten absehen, bleibt eine Menge Zeit, die Sie gewinnen. Was machen Sie damit?
Eigentlich ist es vollkommen egal, was Sie damit machen, solange Sie überhaupt etwas machen, was Ihnen Freude bereitet und die körperlichen oder geistigen Kräfte stärkt. Erkenntnisgewinn inklusive. So unterschiedlich wie die Neigungen einzelner Menschen sind, so unterschiedlich betätigen sie sich im Ruhestand. Was dem einen die Nebentätigkeit ist, ist dem ande-

ren das neue Hobby. Vorsicht ist nur vor gänzlich überflüssigen und deshalb sinnentleerten Tätigkeiten geboten, etwa das an anderer Stelle bereits als Beispiel bemühte wöchentlich dreimalige Rasenmähen oder Autowaschen. Interessant und lehrreich sind besonders diejenigen Aktivitäten, die in einem völligen Gegensatz zur bisherigen hauptberuflichen Tätigkeit standen. Beispielsweise der Büromensch, der zum fähigen Heimwerker wird oder der Arbeiter, der ein Studium der Philosophie beginnt. Wer diesen Spagat hinbekommt, gibt seinem Leben einen neuen Kick.

Zu den Dingen, die Sie sich vorher genau überlegt haben müssen, gehört die finanzielle Seite als Kehrseite der Medaille für gewonnene Freizeit. Sie gewinnen an Zeit und verlieren dafür an Einkommen. Durch Vorsparen konnten Sie das abfedern, wenn Sie rechtzeitig vorgesorgt haben. Vielleicht gehören Sie auch noch zu den wenigen Zeitgenossen, die Ihre Kapitallebensversicherung mit einem hoffentlich akzeptablen Zinsgewinn bis zum Ende ihrer Laufzeit durchgehalten haben und die Sie nun als „Zusatzrente" bekommen. In jedem Fall empfiehlt es sich, vorher genau zu rechnen, was bleibt. Lebenszeit soll mit Lebensqualität einhergehen.

Bedenken Sie auch: Es kann der Frömmste nicht in Frieden leben, wenn es dem bösen Nachbar nicht gefällt. Dieses Zitat von Friedrich Schiller verdeutlicht die Notwendigkeit, sich angemessen in der neuen Situation zu verhalten. Lassen Sie Ihre Nachbarn an Ihrem neuen Leben im Ruhestand teilhaben … oder besser nicht, wenn zu befürchten ist, dass man es Ihnen neidet. Der wahre Wert eines Menschen zeigt sich besonders darin, inwieweit er gönnen kann. Gönnt man Ihnen Ihren Ruhestand nicht, zählt man Ihre jährlichen Auslandsreisen, äußert man sich verächtlich über Ihr neues Auto, so lernen Sie etwas,

was Sie vorher möglicherweise im Freundschafts- oder Nachbarschaftsverhältnis übersehen haben: Im Jammern und Leiden finden Sie schnell Zuspruch, im Stolz und der Genugtuung erfahren Sie Gegenwind. Bescheidenheit nach außen kann daher nicht schaden.

Wenn Sie diese wenigen, aber wichtigen, Regeln beherzigen, so spricht nichts gegen einen Ruhestand, der Ihnen möglichst viel Genuss und Zufriedenheit bescheren sollte.

Geltungsverlust und neue Kompetenzbereiche

Mit dem Ausstieg aus dem Berufsleben ergeben sich erhebliche Veränderungen im Dasein. Nicht nur, dass acht bis zehn Stunden des Tages plötzlich zusätzlich zur freien Verfügung stehen und sinnvoll gefüllt werden wollen, weshalb immer wieder von einer guten Vorbereitung auf den drohenden (?) Ruhestand gesprochen wird. Nein, auch die Selbstachtung respektive die eigene Bedeutung kann sich verändern. War man bislang der Vorgesetzte, der es gewohnt war, morgens allen Mitarbeitern die tägliche Parole zu verkünden, um sich dann in sein eigenes Büro zurückzuziehen und nur noch „wichtige" Dinge wahrzunehmen … Oder arbeitete man schlicht überhaupt nicht mit, weil ausschließlich Führungsfunktionen auszuüben waren … In jedem Fall ist das nun vorbei.
Wer glaubt, zu Hause in gleicher Weise „führen" zu können, wird oftmals eines Besseren belehrt. Die häuslichen Hierarchien können andere sein. Dazu kommt, dass es möglicherweise ungewohnte Arbeiten zu verrichten gibt, die anders als im Berufsleben weniger die geistigen Fähigkeiten herausfordern. Hier droht Langeweile aufzukommen. Zusammen mit der oben beschriebenen Mitarbeiterschar, die befehligt werden konnte, und die nun auch nicht mehr da ist, kristallisiert sich ein verändertes Leben heraus. Wenn nun der Lebenspartner gleichzeitig einen Teil der bisher geleisteten Zuarbeit mit den Worten aufkündigt, man sei doch selber zu Hause und habe Zeit, ist die Krise vorprogrammiert.

Um halbwegs wieder in gewohnte Lebensumstände zu gelangen, braucht es neue Inhalte, die in bisher gewohnter Form delegiert oder selbst fachgerecht bearbeitet werden können. Als erster Testbereich bieten sich **Kinder und Enkelkinder** an – sofern vorhanden. Kinder bleiben immer Kinder, wenn Eltern da sind. Und umgekehrt natürlich. Hier wird allerdings schnell klar, dass das als selbstverständlich empfundene Weisungsverhältnis bei erwachsenen Kindern nicht dem entspricht, was man bei früheren Mitarbeitern kannte und schätzen gelernt hatte. Wenn erwachsene Kinder ihren eigenen Kopf durchsetzen wollen, dann gibt es wenig Möglichkeiten, sie daran effektiv zu hindern. Trotz aller bewiesener Erfahrung in der Kindererziehung lässt es sich auch gegenüber den Enkelkindern nicht so ohne Weiteres durchregieren. An die Kinder gerichtete Erziehungstipps für den Umgang mit deren Kindern, also den Enkelkindern, werden günstigstenfalls wortlos entgegengenommen, möglicherweise aber auch als unzulässige Einmischung zurückgewiesen. Schlimmer noch: Wird bei einer stichprobenhaften Kontrolle festgestellt, dass die Enkelkinder bei ihren Großeltern anders „geführt" werden, als sie es von ihren Eltern vorgegeben bekommen und wurde das zuvor auch den Großeltern deutlich gemacht, droht Ungemach. Oma und Opa erlauben alles. Das war schon immer so und hat seit jeher die Preise verdorben. Kinder merken sehr schnell, wie sie sich einen wünschenswerten Vorteil verschaffen können. Sie nutzen jedes Schlupfloch, welches sich ihnen bietet. Dazu helfen auch schon mal kleine Notlügen. Im Berufsleben gab es für hinterhältiges Personen-gegeneinander-ausspielen heftige Rügen oder man war gar auf Dauer unglaubwürdig geworden. Enkelkinder nutzen diese Strategie beinahe ungestraft. Und nicht selten wird es ihnen gar nicht übel genommen. Kinder halt …

Angesichts der Vielfalt vorhandener Kochsendungen im Free-TV wäre es möglich, den Schwerpunkt künftiger Betätigung auf das **Kochen** zu verlegen. Anregungen gäbe es genug.
Allerdings besteht dieses Betätigungsfeld nicht nur aus Kreativität, Ruhm und Anerkennung. Die Vor- und Nachbereitungen der Kochvorgänge bedeuten umfangreiche Handarbeit beim

Schnippeln, Putzen, Schneiden und Reinigen der Zutaten und des Arbeitsumfelds. Der Koch sonnt sich im Scheinwerferlicht bei der Präsentation seines gelungenen Gerichts, hat zuvor aber 3 Stunden eingekauft und vorbereitet.
Was außerdem bei den Profis im TV einfach aussieht, gelingt zu Hause nicht jedem. Die Fallhöhe ist also groß. Wenn es Ihnen bisher auch ohne Ihre Mitarbeit gut geschmeckt hat, spricht einiges dafür, es dabei zu belassen.
Was im Heim nicht funktioniert, sollte man nicht erzwingen. In Haus und Hof locken weitere Kompetenzbereiche.
Die **Rasenpflege** im Garten wurde über die Jahre sträflich vernachlässigt. Konnten Sie bislang erfolgreich vermitteln, wichtigere Dinge tun zu müssen, können Sie nun die Qualität des Rasens nicht mehr allein der Natur überlassen. Schnittkantenseminare, Düngungsprozesse, die optimale Stickstoffversorgung und ein Rasen-Controlling sind Themen, mit denen sich der künftige Gartenfreund intensiv auseinandersetzen kann und sollte. Jeder Besucher soll schließlich bei kritischer Besichtigung voll des Lobes sein. Der Rasen ist fortan das Wohnzimmer des Gartens. Wenn Frau schon immer der Meinung war, 0,5 Zentimeter nachgewachsene Länge der Haare erfordern einen sofortigen Friseurbesuch, so gilt das nun auch für den Rasen.
Ist das eigene Grundstück bestellt, so bieten sich in der näheren Umgebung weitere Kompetenzbereiche. Nachlässigkeiten wo das Auge hinschaut. Begegnet Ihnen ein **Radfahrer** im Schritttempo, der seinen Blick auffällig auf die Grundstücke in der Umgebung richtet, so kann dies ein Ruheständler sein, der eine kritische Schadens-Bestandsaufnahme vornimmt. Nachlässigkeiten in der Straßen- und Gossenreinigung entgehen ihm ebenso wenig wie der unaufgeräumte Zustand der Wertstoffinseln. Im Rathaus der Gemeinde geht er ein und aus und wird nicht müde, dem Ordnungsamt als wertvoller ehrenamtlicher

Mitarbeiter zu dienen und unaufgefordert wöchentliche Schadensprotokolle vorzulegen. Als Gesprächspartner für Sitte, Anstand, Ordnung und Sauberkeit erfüllt er eine Funktion, um die ihn zwar niemand gebeten hat, die aber den Finger gnadenlos in die Wunde legt. Seine Anregungen sorgen dafür, dass die Gemeindearbeiter auch in Zukunft einen sicheren Arbeitsplatz haben werden.

Die im Alter zumeist häufiger auftretenden kleinen Gebrechlichkeiten erfordern immer mal wieder einen **Arztbesuch**. Die freie Tagesgestaltung ermöglicht es auch, lieber einmal öfter als zu wenig den Arzt aufzusuchen. Schließlich ist es im Rahmen eines vorbeugenden Gesundheitsbewusstseins auch wichtig zu wissen, wenn keine Krankheit vorliegt. Allerdings liegt nicht immer dann, wenn der Arzt nichts findet, keine krankhafte Veränderung des Gesundheitszustands vor. Die Vielzahl unentdeckter Krankheiten nimmt besonders im Alter zu und ein Disput mit dem behandelnden Arzt ist nicht immer vermeidbar. Regelmäßige Arztgespräche sorgen auch für zunehmendes Medizinwissen bei Patienten, wenn diese als Dauergast in die Praxis kommen. Gern geben die Patienten ihr Medizinwissen an andere Praxisbesucher weiter. Vielfach erleichtert es den Ärzten die Arbeit, wenn bei Gruppengesprächen im Wartezimmer die wichtigsten Symptomfragen vorab geklärt werden konnten. Der eine oder andere Patient kann nach solch klärenden Vorgesprächen auf den eigentlich geplanten Arztbesuch bereits völlig verzichten und hat bei Aufruf durch die Arzthelferin die Praxis bereits wieder verlassen. Angesichts überfüllter Arztpraxen erfüllen lebenserfahrene und aufgeschlossene Patienten eine wichtige und unterschätzte Funktion im hiesigen Gesundheitswesen.

Wenn Sie sich in diesen Beispielfällen nicht wiederfinden können, Ihnen eine solche oder ähnliche Betätigung keine Erfüllung oder Befriedigung geben kann, so rate ich Ihnen: Arbeiten Sie einfach weiter. Vielleicht ehrenamtlich. In jedem Fall aber fernab der eigenen vier Wände. Halten Sie sich auch künftig aus allem, was mit Haus und Hof zu tun hat, weitgehend heraus. Nicht immer bedeutet das Ende der hauptberuflichen Tätigkeit, dass etwas Besseres nachfolgt.

Der Alltag und seine Tücken

Rituale oder was passiert, wenn der Tag beginnt

Ich schreibe über Menschen in der 2. Lebenshälfte. Vielleicht können wir uns darüber verständigen, dass diese Spezies das Renten- oder Pensionsalter erreicht hat oder wenigstens davor steht. Im Durchschnitt betrachtet.
Auch wenn das jetzt einen radikalen Schnitt bedeuten sollte oder bei einigen das Nachrechnen mit dem Alter hervorruft … und vor allem den Neidfaktor nicht ganz außen vor lässt. Es soll mal egal sein, ob einer mit 50 oder mit 60 Jahren oder irgendwo dazwischen den Sprung in die Pensionierung wagt, etwa weil es sich einem in Form von Altersteilzeitprogrammen anbietet, die man nicht ablehnen kann, oder schlicht: … weil es möglich ist und er es will.

Der Aufhänger dabei ist ja, dass der Wecker morgens nicht mehr klingelt. Da ist plötzlich Verantwortung gefragt. Die erste Entscheidung des Tages fällt wesentlich früher als früher: Stehe ich auf oder nicht … oder wann sollte ich … könnte ich …?
Früher, als der Wecker noch zum morgendlichen Aufstehen benötigt wurde, begann jeder Tag mit der Erkenntnis, unausgeschlafen zu sein. Daran anschließend folgte der heilige Schwur, sobald man nicht mehr aufstehen muss, wird endlich mal ordentlich ausgeschlafen.
Mal abgesehen davon, dass man fehlenden Schlaf relativ schnell am Stück nachholen kann, so man die Gelegenheit hat, taugt dieser Vorsatz nicht lange etwas. Ausschlafen macht nur dann Spaß, wenn der Reiz des Verbotenen da ist. Sobald man täglich ausschlafen kann, sinkt die Verlockung, es zu tun.
Das Problem war für mich als Frühaufsteher ohnehin geringer.
So hatte ich schon vor meinem Ausscheiden aus dem ersten Berufsleben für mich beschlossen, dem Tag danach regelmäßig eine Struktur zu geben, wenn er nicht automatisch eine hat.

Mitunter gibt es Termine. Im Alter werden diejenigen beim Arzt häufiger. Aber auch meine Nebentätigkeiten geben mir nach Plan einige Zeiten vor.

Wenn ich nicht zu einer bestimmten Zeit aufstehen muss, dann lässt mich mein Naturell im Normalfall um 7 Uhr wach sein. Und so stehe ich spätestens um 7.30 Uhr auf. Nicht weil ich es müsste, sondern weil ich es so will. Das Gefühl, den Tag selbstbestimmt mit freier Gestaltungsmöglichkeit vor sich zu haben, beruhigt enorm. Jegliche Art von Druck fehlt. Kein Gedanke ans Geld verdienen müssen, kein Vorgesetzter, der mich nervt. Auf den gesundheitlichen Aspekt dieser positiven Begleiterscheinung brauche ich gar nicht näher einzugehen – es ist allgemein bekannt.
Wenn Sie es dann noch schaffen, sich mit Ihrem Lebenspartner zu vertragen, wird Ihnen Ihr Hausarzt ein großes Lob aussprechen.

Natürlich gibt es andere Herausforderungen, auch an solchen Tagen, z. B. Entscheidungen über Art und Inhalt der Mahlzeiten zu treffen. War es früher so, dass Sie nach Hause gekommen sind und Ihnen das Essen angereicht wurde, so müssen Sie fortan möglicherweise dafür selber sorgen, und zwar einschließlich notwendiger Einkäufe bis hin zur Zubereitung. Aber keine Angst: Eigentlich bekommt das heute jeder so lange in den diversen Kochshows der Fernsehsender gezeigt, bis es auch der Unbegabteste nachkochen kann. - Okay, die ganz einfachen Sachen wie etwa Rühreier in der Pfanne braten oder Brot toasten, werden vorausgesetzt. Es ist jedoch ein fataler Fehler, anzunehmen, hier könne nichts schiefgehen. Spätestens, wenn die in der Pfanne gebratenen Toasts nicht schmecken wollen oder der Toaster nach einmaliger Zubereitung von Rühreiern jeden weiteren Dienst verweigert, wird klar, dass auch Wissenslücken in den Grundlagen der Nahrungszubereitung von Ungeübten besser geschlossen werden sollten. Wie Sie sehen, gibt es Fragen des täglichen Zusammenlebens, die im Ruhestand eine neue Dimension bekommen können.

Um dem Tag eine Struktur zu geben, die das menschliche Gehirn braucht, helfen Rituale.
Zum Beispiel beginnt der Tag mit einem Frühstück, bei dem keinerlei Eile mehr eine Rolle spielt. Die Tageszeitung liegt zum Lesen parat und trägt dadurch zu einer Entschleunigung bei.
Schon unsere Eltern haben versucht, darauf einzuwirken, jeden Bissen langsam und gut zu kauen. Etliche Mediziner raten zu Ruhe, Gelassenheit und einem ausgiebigen Frühstück.
Früher wurde das Haus häufig ohne Frühstück verlassen, schnell zur U-Bahn hastend, eilig ein paar Brote geschmiert für unterwegs. Wenn heute Termine drücken, dann allenfalls die Arzttermine. Damit ist die Ausrede für zu hohen Blutdruck schon zurechtgelegt.

Sofern am späten Vormittag immer noch nicht über das Abendessen entschieden ist, wird es langsam Zeit. Jede Form von Fertiggericht oder Fastfood scheidet aus. Lange genug hat man das den Kindern zuliebe mitgemacht. Ohnehin korrespondiert der Wunsch der Kinder nach Fastfood nicht mit dem gestiegenen Gesundheitsbewusstsein der Erwachsenen nach ausgewogener Ernährung.
Zwar sind die Kinder inzwischen ausgezogen, aber die Enkelkinder bringen das Thema im wahrsten Sinne des Wortes wieder auf den Esstisch. McDonald’s soll es für sie sein, wenn sie mitessen. Ich persönlich rühre das Zeug nicht an!

An dieser Stelle kommen die Rituale wieder ins Spiel:
Sie sind wichtig und geben besonders Menschen beim Beginn ihres Ruhestands einen Halt, an dem sie sich orientieren können. Die morgendliche Gymnastik oder auch der Besuch im Fitnessstudio, der obligatorische Mittagsspaziergang, das bewusste Lesen und Bearbeiten von Korrespondenz, aber ohne die sozialen Netzwerke zu stark zu frequentieren, weil das wiederum eher den Stressfaktor erhöht.
Und schließlich die frei gewählte Nebentätigkeit oder das neue Hobby. Andernfalls droht das gefährliche Mittagsloch. War früher schon gefährlich. Es gab viel zu tun, aber die Motivation nach dem Mittagessen war auf dem Tiefstand. Heute gilt es, das Mittagstief mit Lieblingsbeschäftigungen zu füllen. Umso besser kommt man drüber weg.

Plötzlich ist es dann doch schon 17 Uhr und die Frage nach dem Abendessen noch immer nicht gelöst. Stress! Unweigerlich kommt die Erinnerung an die längst vergangene Berufstätigkeit zurück. Wie umgehen mit unerledigten Arbeitsvorgängen? Ach ja … Da hieß es „Morgen ist auch noch ein Tag“. Hilft jetzt nicht direkt weiter.
Auch Ruhestand will gelernt werden. Das geht nicht so einfach. Heute gibt es ausnahmsweise etwas von McDonald’s zum Abendessen.

Gelassenheit

„Gott, gib mir die Gelassenheit, Dinge hinzunehmen, die ich nicht ändern kann, den Mut, Dinge zu ändern, die ich ändern kann, und die Weisheit, das eine vom anderen zu unterscheiden."

Vom amerikanischen Theologen Reinhold Niebuhr stammt dieser legendäre Satz, der besonders für uns ältere Menschen so etwas wie die Lebensphilosophie sein sollte. Alt und gelassen und sich nicht mehr aufregen. Geht das?
Leichter gesagt als getan. Allein der Alltag fordert immer wieder Geduld und Nerven. Und Dinge, die man sein ganzes Leben nicht gut ertragen konnte, fallen im Alter nicht unbedingt leichter. Da gelingt es nicht immer, Aufregungen zu vermeiden. Geht es Ihnen nicht auch so, dass es Sie aufregt, wenn Sie auf der Autobahn im Stau stehen und es minutenlang nicht vorangeht. Da spüren Sie so eine Enge, eine Ratlosigkeit und ein Ausgeliefertsein. Das Worst-Case-Szenario tut sich auf: Was ist, wenn ich im Stau auf der Autobahn übernachten muss? Was ist, wenn ich mal zur Toilette muss?
Bisher ist es noch nie so weit gekommen, dass die Übernachtung drohte.
Also rede ich mir ein, es wird schon nicht so schlimm werden.
Das klingt einfacher, als es ist, weil es im Grunde genommen darum geht, ein Stück weit gegen seine eigenen Empfindungen zu agieren. Wenn ich auf der Autobahn im Stau stehe und es minutenlang nicht vorangeht, dann kämpfen der Kopf, die Vernunft, die angestrebte Haltung gegen das Reptil in mir, das Luft ablassen muss, das einmal Feuer speien will.

Und wenn sich dann das Reptil in einer dieser Situationen durchgesetzt hat, bestätigt der vernunftgesteuerte Teil von mir kurz darauf, wie unnötig und sinnlos der Ausbruch gerade gewesen ist. Also sollte ich meine Aufregungen analysieren und nach entsprechender Erkenntnis künftig vermeiden. Wenn es denn so einfach wäre …

Das Leben kennt noch weitere Feinde der Gelassenheit: Multimedia und Dauerberieselung. Beides greift sich immer mehr Raum. Ganz vorn dabei sind auch unser Smartphone und der Hang dazu, keine Sekunde bei WhatsApp zu verpassen.

Warum kurz telefonieren, wenn man eine Angelegenheit bei WhatsApp auch in fünf Stunden klären kann?!
Die elektronischen Geräte einmal auszuschalten, sie nicht zu beachten für eine gewisse Zeit, sind die Souveränität, die wir benötigen, um das Leben insgesamt gelassener zu betrachten. Für alle, die ihre tägliche Kommunikation über das Handy im Flatrate-Modus betreiben, eine echte Herausforderung. Aber auch hier lohnt es sich, die eigene Haltung zu überdenken. Schaffen Sie sich Smartphone-Auszeiten, in denen Sie nicht erreichbar sind. Außer der Bundeskanzlerin muss niemand immer erreichbar sein, und selbst die Bundeskanzlerin hat einen Stab von Leuten, der während einer Abwesenheit von ihr das Kanzleramt weiterführen kann, ohne dass es zwingend ihrer bedarf.

Stress im Arbeitsleben, dem Vorgesetzten alles rechtmachen zu müssen und es trotzdem nicht zu schaffen, Perfektion über alles, ständig steigender Arbeitsdruck und eine immer kompliziertere globale Arbeitswelt mit steigenden Ansprüchen, sind weitere Hemmnisse, die uns auf dem Weg zu mehr Gelassenheit täglich im Wege stehen - Sie kennen das, wenn Sie aktuell noch in der Berufstätigkeit stehen. Daraus resultierende „gefühlte“ oder auch offiziell bestätigte Misserfolge verursachen Burnout-Syndrome, Depressionen und Erschöpfungszustände.
Ein Job enthält immer einen Stressanteil. Dort gilt nun einmal das Leistungsprinzip. Aber Stress kann auch positiver Stress sein, wenn eine Aufgabe Spaß macht und die Herausforderung geschätzt wird. Eine anspruchsvolle Aufgabe ist zunächst einmal mit professioneller Einstellung und Perfektion anzugehen … und weniger mit Gelassenheit. Aber stimmen immer Anspruch und Wirklichkeit überein? Müssen wir überall das Maximalziel erreichen? Ist nicht auch ein kleiner Schritt ein Schritt zum Erfolg?

Angesichts steigender Zahlen im Bereich der psychischen Erkrankungen, die auf Umstände im Arbeitsverhältnis zurückzuführen sind, steht die Arbeitswelt möglicherweise vor einem Wandel. In jedem Fall steht sie aber vor der Erkenntnis, dass die Ressource Mensch sich nicht unendlich ausbeuten lässt.

Perfektion muss nicht immer als Gegensatz zur Gelassenheit betrachtet werden. Perfektion ist Entspannung und Gelassenheit, wenn sie im Ergebnis als Erfolg eigenen Strebens betrachtet und gefeiert werden kann. Ich habe einen äußerst gelassenen älteren Nachbarn auf meiner Straße, der den Rasenschnitt seines Grundstücks nach dem groben Durchgang mit dem Rasenmäher nacharbeitet. Hierzu nimmt er eine kleine Nagelschere und schneidet den von ihm für nötig befundenen einzelnen Grashalm auf die gewünschte Größe nach. Eine äußerst filigrane Behandlung des Grüns vor dem Haus, die eine lange Zeit in Anspruch nimmt. Der gleiche Nachbar reinigt trotz seines hochbetagten Alters jeden seiner Dachziegel mit Pinsel und Bürste. Zu diesem Zweck verbringt er Stunden auf dem Dach seines Hauses. Der Erfolg: Die Dachziegel sehen auch nach Jahren noch wie neu aus.
Der Mann strahlt eine sprichwörtliche Ruhe aus.
Ich kann nicht erkennen, dass er ein „Getriebener" ist. Er wirkt auf mich absolut gelassen. Haus und Garten scheinen sein Lebenselixier zu sein. Sein Hang zum Perfektionismus scheint ihn zu entspannen. Alles richtig gemacht.

Wenn Gelassenheit nicht zu den Grundeigenschaften eines Menschen gehört, bedarf es einer gewissen Anstrengung, sie zu erreichen. Der Versuch, mit den alltäglichen Dingen gelassener umzugehen, ist es wert, unternommen zu werden. Steigert er doch Selbstzufriedenheit und hat positive Effekte auf die Gesundheit, mindestens auf den Blutdruck. Genießen können, gönnen können und alles abschalten, was einen aufregt.

Trotzdem aber darf im Leben nicht Langeweile einkehren – das wäre ein Mangel an Lebensinhalten. Gelassenheit und trotzdem sinnvoll aktiv sein, also beides zu verwirklichen, darin besteht die Kunst. Letzteres strebe ich seit einigen Jahren an. Jetzt muss ich nur noch gelassener werden. Vor allem im Auto.

Ich habe plötzlich alle Krankheiten

Zwischen dem Lebensalter und den Krankheiten des Menschen besteht ein unbestreitbarer Zusammenhang. Für die meisten von uns gilt die Gleichung, wonach die Zahl der Krankheiten sich bei zunehmendem Alter erhöht. Je älter ich werde, desto mehr Krankheiten bekomme ich.
Keine schöne Aussicht. Eher eine Qual, wenn das stimmt. Als ob die Krankheiten die unheilvolle Aufgabe haben, so lange auf den Menschen einzuwirken und sich zu verschlimmern, bis dieser mehr oder weniger freiwillig das Zeitliche segnet.

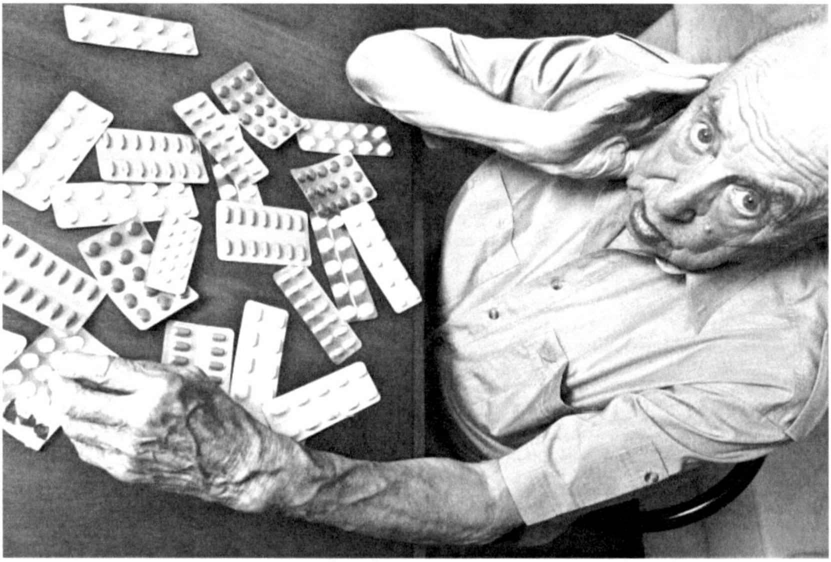

Meine Angst vor Krankheiten war eigentlich nie besonders ausgeprägt, außer, wenn ich welche hatte. Das war dann aber auch gleich schlimm, denn ich empfand bisher jede Krankheit als weitgehend unheilbar – mal die üblichen Erkältungen und gelegentlichen Schmerzempfindungen ausgenommen. Beson-

ders Krankenhausaufenthalte bedeuteten für mich nie Gutes, sondern eher die ersten Anzeichen allerschlimmsten Übels. Auch wenn es nur kleine Knochenbrüche waren.
Auf der anderen Seite bin ich aber ein geborener Optimist und Weltmeister im Verdrängen. Insofern kümmere ich mich eigentlich überhaupt nicht um Krankheiten, die ich bekommen könnte … oder unwissentlich bereits habe. Das ist eine empfehlenswerte Strategie, um Ängste gar nicht erst aufkommen zu lassen. Andererseits schaue ich schon mal in die **Gesundheitsmagazine** im Fernsehen. Neben den Kochshows hat sich dieses Genre einen festen Platz im TV-Programm erobert und ist fast täglich irgendwo zu finden. Gefühlt gab es noch nie so viele Gesundheitsmagazine wie derzeit. Ohne sie hätte ich niemals so schnell erfahren, woran ich alles leide. Sie wirken aber auch beruhigend auf mich, weil ich etliche der dort thematisierten Krankheiten nicht kenne.
Trotzdem haben sie auch etwas Bedrohliches für mich.
Ich bin geneigt zu sagen, dass mit der Zunahme der TV-Präsenz von Gesundheitsmagazinen eine Steigerung der Krankheiten einhergeht. Die gleiche Wechselwirkung also.

Glücklicherweise bin ich von etlichen Zivilisationskrankheiten bis heute verschont geblieben. Möglicherweise ist das ein Ausdruck guter Gene. Vielleicht aber auch nur ein glücklicher Zufall. Ich muss mich daher weder mit Bluthochdruck, Herz/Kreislauf, Diabetes, noch Allergien aller Art beschäftigen.

Meine besondere Aufmerksamkeit in den Gesundheits-Magazinen gilt daher eher den **Vorsorgeuntersuchungen**, speziell denen der Männer. Die Vorsorgeuntersuchungen beginnen bereits im frühen Erwachsenenalter und staffeln sich bis ins hohe Greisenalter. Generell ungemütlich wird es ab dem 50. Lebensjahr, und zwar untenrum: Der Darmkrebs und die Pros-

tatavergrößerung werden wahrscheinlicher.
Wenn statistisch betrachtet jeder zweite Mann irgendwann mal Probleme beim Wasserlassen bekommen wird, dann ist das eine Ansage, die sofort beunruhigt. Seitdem ich das weiß, beobachte ich mich in diesem Punkt kritischer.
Natürlich fördert es das Unbehagen, eine solche Untersuchung über sich ergehen zu lassen. Andererseits dient die Früherkennung einer gesicherten und vollständigen Heilung. Insofern macht der Arztbesuch Sinn. Und bedenken Sie mal, wie schön die ärztliche Bestätigung klingt, wenn der Arzt aufzählt, was alles bei Ihnen in Ordnung ist.

Vorsorge ist zunächst einmal keine Krankheit.
Gleichwohl sitzen Sie bei Vorsorgeuntersuchungen mit allen anderen Patienten zunächst im Wartezimmer und können sich Ihren positiven Gefühlen hingeben, alle anderen hier Anwesenden sind mehr oder weniger krank. Sie dagegen kommen freiwillig und ohne ein konkretes Leiden. Dass Sie möglicherweise hinterher etwas haben, was Sie sonst nie erfahren hätten … okay …, lässt die Angelegenheit in einem anderen Licht erscheinen. Mehrheitlich sollte Ihnen aber die Vorsorgeuntersuchung, egal ob Frau oder Mann, eine Hilfe, Beruhigung und Gewissheit bieten, alles getan zu haben, um gesund zu bleiben.

Zu unserem Verständnis über Krankheiten gehören auch diverse Regeln, die sich uns eingeprägt haben. So erklärte Jürgen von Manger, deutscher Schauspieler, Kabarettist und Schriftsteller, folgendes: :
„Wenn man über 50 ist und morgens aufwacht und es tut nichts weh, dann ist man tot.“

Was für ein Glück, dass mich das nicht mehr beunruhigen muss. Ich habe im März 2020 mein 60. Lebensjahr vollendet. Das kann mich also nicht mehr treffen.

Vorsicht ist aber auch vor jeglicher Art medizinischer Fachzeitschriften geboten. Sie erklären viele Details, die man lieber nicht wissen möchte. Nicht selten kommen daher Krankheiten und Schmerzen vom Lesen. Oder vom Erfahrungsaustausch im Kollegen- oder Freundeskreis.

Dabei gehören etwa Kopfschmerzen bei vielen schon zum guten Ton. Wenn sich früher Kollegen von mir über ihre ständig wiederkehrenden Kopfschmerzen unterhielten, und dabei auch noch mir gänzlich unbekannte Kopfregionen beschrieben, in denen sie besonders auftraten, wurde mir ganz anders. Diese Kopfschmerzen hatte ich nie und deren Beschreibung sagte mir nichts. Möglicherweise litt ich daher unbewusst unter einer viel schlimmeren Krankheit, nämlich nicht erkanntem Kopfschmerz. Dass sich zu diesem Thema beim „Googeln" nichts Sinnvolles finden ließ, verschlimmerte meine Befürchtungen. Es konnte sich nur um eine noch nicht verbreitete oder gar unerkannte Krankheit handeln. Und die musste besonders heimtückisch sein. Also muss ich sie verdrängen.

Zu den altersbedingten Problemen zählen besonders die orthopädischen Krankheiten. Als langjähriger „Schreibtischtäter" blieben mir daher auch Rückenschmerzen nicht erspart. Die ersten Probleme mit den Bandscheiben bekam ich bereits vor dem 50. Lebensjahr. Allerdings lassen sich Rückenschmerzen, sofern sie nicht psychische Ursachen haben, relativ gut durch gezieltes Training in den Griff bekommen. Dabei kommen die Fitnessstudios ins Spiel. Zwischen älter werden, zunehmenden Krankheiten und einem Fitnessstudio-Boom besteht ein Zusammenhang. Mit Fitnessstudios beschäftige ich mich daher gesondert an anderer Stelle in diesem Buch.

Seit einiger Zeit nehmen psychische Krankheiten zu, deren Ursache im Berufsleben zu verorten ist. Burnout, nicht nur bei Lehrern, und stressbedingte Probleme gehören zu den immer stärker aufkommenden Krankheitsbildern. Arbeitsverdichtung, Überforderung, Mobbing, fehlende Wertschätzung durch Vorgesetzte und schlichtweg ungeeignete Führungskräfte – die Gründe können vielschichtig sein.

Ich habe mich eigentlich schon frühzeitig zu einem regelmäßigen Gesundheitscheck bei meinem Hausarzt entschlossen, bereits mit Mitte dreißig. Er bot mir das an und die Abläufe waren immer sehr ähnlich. Eigentlich war nie viel festzustellen. Und mit diesem „Negativ"-Testat lebt es sich gut – bis zur nächsten Vorsorgeuntersuchung. Um meinem Hausarzt meine Wertschätzung zu zeigen, habe ich mit Ende vierzig die Kur für mich entdeckt. Tue deinem Körper und deiner Seele Gutes und sprich darüber. Ein bisschen verschrien sind sie ja – die Kuren. Klar … es ist irgendwo ein Stück weit bezahlter Urlaub, wenngleich das „Bezahlen" inzwischen deutlich eingeschränkt wurde. Missbräuchlich sollen sie verwendet worden sein. Mein Hausarzt erzählte mir dazu, dass ihm gelegentlich Patienten von Kurerfahrungen berichten. Auch dass sie dabei interessante Bekanntschaften machen konnten.

Ich glaube an die heilsame Kraft gelegentlicher Kuren. Der Kopf wird freigespült von alltäglichen Dingen. Auch gelingt es, die eigenen Krankheitssymptome besser einzuordnen. Andere Patienten sind doch vielfach schlimmer dran, haben sie doch Krankheiten, die mir vorher gänzlich unbekannt waren. Und damit steht auch fest, dass ich nicht alle Krankheiten habe. Das ist in jedem Fall beruhigend.

Dass Kuren nur im Krankheitsfall in Anspruch genommen werden können, ist eine weitverbreitete Mär. Und überdies falsche Bescheidenheit. Die Arbeitskraft und das körperliche und geistige Wohlbefinden zu erhalten, sind gleichermaßen Anwendungsfälle einer Kur. Kopf und Seele einmal aus dem Alltag nehmen, aus dem Programm der sportlichen Angebote, Seminare und Kurse etwas mitzunehmen und einfach mal drei Wochen Stress abwerfen, ist für mich eine empfehlenswerte Strategie einer Kur.

Ich habe das bereits drei Mal praktiziert. Wissenswertes darüber berichte ich in dem Kapitel „Die Kur entdecken“.

Meine private **Krankenversicherung**, die einen Teil an meinen Kuren vertragsgemäß mitfinanzierte, hat inzwischen zu einem Gegenschlag ausgeholt.

Interessanterweise ziemlich kurz nach meinem runden Geburtstag. „Gefährliche Deckungslücken“ gäbe es in meiner Krankenversicherung. Ob ich denn schon vom „Unisex-Tarif“ gehört hätte … Ich verneinte und vermutete, es habe mit Kuren zu tun. Aber weit gefehlt.

Unweigerlich dachte ich an das alte Problem: Ich habe plötzlich alle Krankheiten. Zumindest theoretisch, beziehungsweise ich könnte sie bekommen. Aber auch das war es nicht. Jedoch habe man mir einige neue Tarife zusammengestellt, die mir sehr zu empfehlen seien. Die bisherigen Versicherungsbedingungen berücksichtigten nicht alle Risiken und es gäbe außerdem neue Risiken, zum Beispiel Corona.

Gut … das war für mich nachvollziehbar. Gleichwohl hat hier scheinbar eine gezielte Aktion gegen Senioren stattgefunden. Um letzte Zweifel aus dem Weg zu räumen, werde ich jetzt noch mit dem Hinweis überzogen, meine bisher uneinheitlichen Versicherungsbausteine würden im neuen Tarif überschaubarer zusammengefasst. Und es gäbe keine Unterschiede mehr zwischen Männern und Frauen. Wichtig für die mitversicherte Ehefrau! Keine Unterschiede mehr … jahrhundertelange Praktiken bekommen neue Lösungen. Passend dazu also der Name: „UniSex-Tarif“.

Was ich denn bisher hatte, wollte ich wissen. Den „BiSex-Tarif“ entgegnete man mir. Ach so … logisch, klar! Und nun soll ich dem Fortschritt nicht im Weg stehen und dem UniSex zustimmen. Meine Mutter würde sagen: “Junge, bist Du Dir sicher, dass das etwas Seriöses ist?“ Ich glaube, ich hätte sie unter Hinweis auf den BiSex-Tarif überzeugen können.

Geschenke erhalten die Freundschaft – wirklich?

Alt wie wir sind, hatten wir viele Geburtstage. Schön waren die Geburtstage als Kind und auch noch in der Jugend. Da war dieses Kribbeln im Bauch kurz vor der Bescherung. Die nervenzerreißende Spannung, wenn man nicht ahnte, welche der zahlreichen Wünsche vom umfangreichen Wunschzettel sich erfüllen würden. Mit kindlicher Unbekümmertheit und viel Entdeckergeist genossen wir jede Minute, die wir anschließend mit den neuen Geschenken verbringen konnten. Die Geschenke waren dazu da, Freude zu bereiten, neue Blickfelder zu eröffnen und das kindliche Spielen zu bereichern. Rundherum positiv.

Auch das Schenken vermittelt Freude, nicht nur das beschenkt werden. Kinder zu beschenken oder als Kind beschenkt zu werden, erfüllte stets alle Beteiligten mit Freude.

Aber wie ist es nun im fortgeschrittenen Erwachsenenalter? Geht es darum, als Erwachsener für andere Erwachsene Geschenke zu finden, lauern Fallstricke an jeder Ecke.
Misslich ist zunächst, dass die Wünsche im Alter naturgemäß nachlassen. Man hat doch alles schon bekommen und die Wünsche sind schlicht ausgegangen. Ein Grund, warum an oberster Stelle der Wunsch nach Gesundheit besteht.
Gesundheit! Gesundheit! Und nochmals Gesundheit! Das wünscht einem aber auch jeder, den man draußen auf der Straße trifft. Die Corona-Pandemie verstärkt diesen Trend noch. Ohne Gesundheit ist alles nichts, einverstanden. Gesundheit zu verschenken ist aber problematisch.
Die Gesundheit gehört nun einmal zu den immateriellen Gütern, die sich schlecht einpacken und an andere weitergeben lassen. Also herrscht Ratlosigkeit.

Ein Weg aus dieser Ratlosigkeit ist es, Gutscheine zu verschenken. An sich eine prima Idee. Spätestens nach dem dreimaligen Fehlgriff bei den Geschenken, die der Beschenkte zumeist still und heimlich wieder zum Umtausch brachte, erwies sich der Gutschein als Glücksgriff.
Aber Vorsicht: Auch hier herrschen Untiefen. Die Frau bekommt ihren Gutschein besser von Douglas, nicht aber von Rossmann. Das wäre sonst zu gewöhnlich. Schließlich wird im fortgeschrittenen Alter kein Hausrat mehr verschenkt. Hausrat gab es jedes Jahr vom 20. bis zum 39. Lebensjahr. Danach konnte man davon ausgehen, dass der Hausstand erfolgreich gegründet und Hausrat weitgehend vollständig erhalten war.

Als Geschenkempfänger hat man es schließlich auch nicht einfach. Ab und zu sieht man sich gezwungen, jede Peinlichkeit zu überspielen und Freude über die dekorative Bratpfanne zu heucheln. So werden unzählige Dinge des täglichen Lebens vorzeitig ausgetauscht, obwohl es nicht nötig ist. Wir steigern das Bruttosozialprodukt.

Der Mann freut sich über Gutscheine von Saturn/Media Markt oder jedem Baumarkt.
Das passt bis ans Lebensende. Nicht selten wurden allerdings im Nachlass Verstorbener noch einige teilweise nicht abgelaufene Gutscheine gefunden. Es fehlte wohl die Zeit zur Einlösung …

Anstelle von Gutscheinen gehen auch Geldscheine. Eigentlich ist es ja nichts anderes, wobei Geldscheinen der zweifelhafte Nimbus des unpersönlichen Geschenks anhaftet. Unweigerlich bringen Geldscheine den Schenker in unausgesprochenen Rechtfertigungszwang, gilt doch der Schenkungsbetrag als Ausdruck einer gewissen Wertschätzung. Auch von vielleicht geringer Wertschätzung. Der Kopf fängt an zu arbeiten: Konnte er nicht mehr, wollte er nicht …?

Unter Eheleuten funktioniert das Gutschein- oder Geldscheinprinzip ohnehin weniger gut. Der Schenker gerät zunächst gleich wieder in Rechtfertigungszwang: Fiel ihm nichts ein …? Hat er sich keine Zeit genommen, um seine Liebste zu beschenken …? Um diesen unangenehmen Fragen aus dem Weg zu gehen, auch wenn sie sich gar nicht stellen, geht man betraglich besser etwas höher zu Werke.

Geldgeschenk gegen Geldgeschenk ist allerdings unbedingt zu vermeiden, macht es doch auch überhaupt keinen Sinn. Schließlich könnte der Differenzbetrag auch gleich im Vorfeld ausgeglichen werden. Schenkst Du mir 50 € und ich Dir 30 €, könntest Du mir auch gleich 20 € geben und wir wären quitt. Frohe Weihnachten!
Das Geschenkpapier wäre damit eingespart und somit zumindest der Umwelt ein Dienst erwiesen.

Diese Art zu beschenken wird noch übertroffen von den „nützlichen“ Geschenken. Zumeist werden sie mit einer kurzen Erklärung übergeben: „Ich dachte jetzt wo Du … brauchst Du doch vielleicht … und da dachte ich und habe ich …“
Nützliche Geschenke werfen zuweilen die durchaus berechtigte Frage auf, wer denn der Nutznießer letztlich sein soll. Nicht selten sind der Schenker und das Geschenk ein Bündnis eingegangen, sich gegenseitig selbst zu nützen. So erklären sich die Fußball-Jahres-Dauerkarten an die Ehefrau, die sie dem Umstand verdankt, dass sie einmal bei der Sportschau im Fernsehen nicht gleich aufgestanden und aus dem Zimmer gegangen ist. Und vielleicht kam sie einmal mit ins Stadion, weil anstelle eines durchkomponierten Abendessens die Bratwurst vom Stadionimbiss auf den Tisch kommen sollte.
Selbstverständlich würde der Ehemann die Dauerkarte bei denjenigen Spielen für sich nutzen, wo Frau unpässlich wäre. Selbstlos, wie er nun einmal ist. Das teure Geschenk soll schließlich nicht verfallen.

Die Kategorie der Geschenke, bei denen der Schenker an sich selbst denkt, ließe sich beliebig fortführen. Dabei muss es nicht immer so offensichtlich sein. Der clevere Schenker wählt das Geschenk so aus, dass nicht sofort ein Rückschluss auf Eigennutz möglich ist. Zum Beispiel bei Urlaubsreisen. Hier nützt die Erkenntnis, dass der Partner „Hauptsache mal raus“ möchte. Damit lege ich das Urlaubsziel nach eigenen Vorstellungen fest.

Bei allen derart „taktischen“ Geschenken geht zweckmäßigerweise leider auch der Kaufbeleg irgendwie verloren. Umtausch wäre daher sicherlich schwierig bis unmöglich.

Wollen Sie diesen Problemen aus dem Weg gehen, dann vereinbaren Sie mit Ihrem Partner sinnvollerweise, dass man sich ab sofort nichts mehr schenkt. Das wird dann bei gesellschaftlichen Treffen im Freundeskreis gern immer wieder erzählt und als besonders stressfrei verkauft. „Wir schenken uns nichts.“ Die Freunde registrieren es neidisch, haben sie doch dieselben Probleme mit ihren Geschenken.

Unter sich in den eigenen vier Wänden beim Weihnachtsfest droht gleichwohl Ungemach. Halten Sie sich strikt an das Schenkverbot, reagiert Ihre Partnerin verstört: „Du hast wirklich nichts für mich? Ich habe extra noch für Dich …“ Ungläubiges Staunen der sichtlich betroffenen Ehefrau.
Merke daher: Die Vereinbarung „Wir schenken uns nichts“ zwischen Eheleuten ist unbedingt auf ihre beiderseitige Verbindlichkeit zu prüfen. Denn selbstverständlich bezieht sich die Aussage „Wir schenken uns nichts“ im Regelfall lediglich auf kostspielige Geschenke. Kleinigkeiten sind von dieser Regelung ausgenommen. Das weiß aber nicht zwangsläufig jeder.
Die unbeschenkte Ehegattin muss man aber auch verstehen. Sie hat schließlich für ihren Gatten in nicht weniger als vier ganztägigen Shopping-Tagen eine ganze Reihe verschiedener „Kleinigkeiten“ besorgt und erwartete definitiv, dass er das noch toppen würde. Nun aber hat er wirklich nichts besorgt. Oh weh …

Wollen Sie also, dass Ihr Verhältnis zum Beschenkten nicht nachhaltig ob Ihres Geschenks getrübt wird, gilt es eine ganze Reihe Untiefen zu umschiffen. Einladungen von Freunden sind daher sinnvollerweise im Vorfeld auf mögliche Probleme bei Geschenken abzuklopfen. Sicher ist sicher. Und findet man kein Geschenk, so findet sich sicher ein Grund, die Einladung nicht anzunehmen.

Partnerschaftsfragen

Langjährige Partnerschaften und ihre Macken

Die Partnerschaft im Seniorenalter bewegt sich in eingefahrenen Bahnen. Das gilt besonders, wenn die Ehepartner bereits viele Jahre gemeinsam durchs Leben gehen. Vertrauen und Verlässlichkeit ersetzen die früher vorhandene Abenteuerlust und Hingabe.

Langjährige Partnerschaften wirken auf Außenstehende, als hätte sich das perfekte Paar gefunden. Aber gibt es das überhaupt? Welche Frau hätte nicht gern den perfekten Mann – und umgekehrt? Solche Überlegungen weichen allerdings schnell der Realität. Genügsamkeit und die Kunst, sich mit gewissen Gegebenheiten zu arrangieren oder abzufinden, greifen sehr schnell Raum. Ausgehend von der Loriot'schen Erkenntnis, wonach Männer und Frauen einfach nicht zusammenpassen, können übersteigerte Anforderungen an den Partner häufig zu komplizierten Beziehungen führen. Pragmatische Frauen erkennen irgendwann: „Mein Mann ist, wie er ist …" - oder „… den änderst Du nicht mehr" … Auch wenn damit ein Stück weit Resignation verbunden ist: Mit dieser Erkenntnis erspart man sich eine Menge Unannehmlichkeiten. Und trotzdem darf man ja noch träumen.

Männer wissen um ihre Unzulänglichkeiten. Als Mann ist man allerdings gut beraten, zumindest einen Teil der Wünsche seiner Frau zu erfüllen. So erschafft Mann sich Ruhe, kann sich darauf berufen, Zugeständnisse gemacht zu haben und lenkt ab von dem unerfüllbaren Teil des umfangreichen Wunschkataloges. Manche Wünsche der Frauen lassen sich auch über lange Jahre des Zusammenlebens aussitzen. Andere sind schlicht ihrer Natur nach unerfüllbar. Vielfältig sind die Erwartungen der Frauen an ihre Männer:

Zweifellos wünschen sich Frauen **gut aussehende Männer**. Abgesehen davon, dass dieses Kriterium eine Geschmacksfrage ist und dem Wandel der Anschauungen unterliegt, können besonders reifere Männer sich leicht darauf berufen, früher einmal gut ausgesehen zu haben. Echte Schönheit vergeht auch im Alter nicht. Und um keine Zweifel aufkommen zu lassen, wird sämtliches Bildmaterial aus Jugendzeiten vorsorglich der Vernichtung zugeführt.

Frauen schätzen an Männern außerdem **Intelligenz**. Glücklicherweise ist dieser Wunsch in jungen Jahren eher noch nicht so stark ausgeprägt bzw. steht hinter anderen, zum Beispiel sexuellen Wünschen, zurück. Männer gelten spätestens im Alter als intelligent, auch wenn sie das mit „clever“ verwechseln, wobei ihre Cleverness der vorhandenen Lebenserfahrung zu verdanken ist. Aber immerhin. Einige Männer entwickeln sogar eine regelrechte Bauernschläue, gilt es, Dinge zu ihrem Vorteil zu verändern.

Da die Grundlagen menschlicher Intelligenz im frühen Kindesalter gelegt werden, lassen sich Defizite an vorhandener Intelligenz später lediglich marginal beheben. Das ist aber nicht weiter schlimm, weil es im Leben nicht immer darauf ankommt. Der intelligente Theoretiker kann zwar beeindrucken, bleibt aber häufig im Ergebnis hinter dem cleveren Pragmatiker zurück.

Zum bevorzugten Beuteschema der Frauen gehören bereits in jungen Jahren **sportliche Männer**. Eigentlich keine große Sache, gehört doch die sportliche Ertüchtigung bei den meisten von uns Männern von Kindesbeinen an zum Leben dazu. Viele haben Vereinssport betrieben. Die Kunst besteht daher eher darin, diese Eigenschaft über die mittleren und späteren Jahre aufrechtzuerhalten. Zu den sportlichen Disziplinen im Alter, die der Mann zwingend noch in guter körperlicher Verfassung erbringen muss, gehören unter anderem das Einräumen des Geschirrspülers, der Gang zur Mülltonne mit dem Gewicht des Restmülls (ca. 5 Kilogramm) sowie das Weiterreichen der TV-Fernbedienung, teilweise über Kopf. Nicht alle Männer besitzen noch im Alter diese Fitness. Das erfordert schon regelmäßiges Training. Sofern Vereinssport noch eine Rolle spielt, findet er an der Theke im Vereinsheim statt.

In meiner Jugendzeit waren **coole Männer** angesagt. Cool war, wer ein Motorrad besaß, möglichst früher als die anderen. Cool war auch, in Dauerfehde mit seinen „Alten“ zu liegen, Arbeit oder Schule zu schwänzen und es sich durch Faulenzen gut gehen zu lassen. Wenn ich heute über diese Dinge nachdenke, finde ich es alles andere als besonders cool. Aber so tickten wir in unserer Jugendzeit. Natürlich standen die Mädchen auch auf gute Klamotten, kleine Geschenke hier, ein Anflug von Romantik dort … Mit diesen Wünschen standen sie unter ihresgleichen allerdings ziemlich allein da. Die Jungs konnten damit nicht viel anfangen.

In den mittleren Jahren, wenn die einst romantische und lustvolle Beziehung zu einer Familie mit Kindern angewachsen ist, wird es Zeit für eine **Rollenverteilung**. In der klassischen Variante ist der Mann der Beschützer und Wächter über die Sicherheit und das geregelte Einkommen der Familie, während die Frau das tägliche Haushaltsgeschehen steuert. An ihr bleibt auch ein Großteil der Erziehungsarbeit hängen. Sie schätzt Gemütlichkeit, Bequemlichkeit, Hygiene und die Tatsache, sich um einige schwierige Dinge nicht kümmern zu müssen. Besonders die Dinge, die auf Ärger hinauslaufen, meidet sie. Dafür macht sie es sich gern schön. Um das zu erreichen, korrigiert sie bei ihrem Mann die größten Sünden in der Kleiderauswahl, stattet ihn mit aktueller Mode aus und achtet auf regelmäßiges Duschen. Kleine Aufmerksamkeiten schätzt sie sehr. In ihrem Kalender stehen neben allen Geburtstagen auch Kennenlern-, Namens-, Hochzeits- und andere Gedenktage aus der Freud- und Leidkategorie. Wohlgemerkt – wir sind immer noch in der klassischen Variante des Zusammenlebens zwischen Mann und Frau.

Eine Berufstätigkeit kommt für diese Frauen allenfalls ergänzend infrage. Und selbstverständlich müsste sie nicht arbeiten, wie sie es allen ihren Freundinnen regelmäßig berichtet. Schließlich verdiene ihr Mann genug. Aber sie müsse mal rauskommen, etwas anderes sehen. Zu ihrer Entlastung überträgt sie ihrem Mann einen Teil der Hausarbeit, die dieser mit dem Hinweis darauf, dass sie nicht arbeiten müsste, selbstverständlich nicht oder nur unzureichend verrichtet.

In den mittleren Jahren hat man sich im weitesten Sinne miteinander arrangiert. Die Kinder gehen ihre eigenen Wege oder sind bereits aus dem Haus. Das schlägt sich auf die Alltagsdisziplin nieder. Sie kommt unter die Räder. Erste Macken entwickeln sich und werden ausgelebt. Es fängt damit an, dass der Mann etwas liegen lässt, was nach Ansicht der Frau weggeräumt werden sollte. Bleibt es bei Einzelfällen, ist noch alles gut. Problematischer wird es, wenn daraus Rituale entstehen und sich diese Szenen häufiger wiederholen. So ist in einigen Häusern zu beobachten, dass sich die Position des Fensterrollladens stündlich verändert – je nachdem, wer zuletzt das Zimmer betreten hatte.

Frau hat es mit Mann in dieser Zeit ohnehin nicht einfach. Der erste Lack ist ab, sich verschlechternder Stoffwechsel und ein Hang zum Müßiggang haben ein Bierbäuchlein entstehen lassen. Das Kleidungsproblem verschärft sich und immer öfter kommt der Jogginganzug zum Tragen. Höchste Zeit, aneinander innere Werte zu entdecken, da die äußere Attraktivität nicht mehr das Non-Plus-Ultra darstellt. Der Blick ins Fotoalbum lässt Erinnerungen aufleben – oder auch nicht. Mitunter wirft er die Frage auf, wessen Fotoalbum das eigentlich sei. Zu viele unbekannte Gesichter sind darin zu sehen.

Besonders Frauen leiden mitunter in dieser Lebensepoche an schwindender Attraktivität. Eigenwahrnehmung und Außenansicht müssen dabei aber nicht zwingend übereinstimmen. Frau macht schon mal aus dem kleinsten Fältchen ein Riesenproblem. Wie schön, dass man mit ausreichend Make-up alles zukleistern kann.

Zwischenfazit:
25 Jahre glücklich verheiratet. Wirklich glücklich? Auf die Frage, wie lange er in seinem Leben glücklich gewesen sei, soll ein deutscher Dichter in seinen späten Jahren einmal geantwortet haben: insgesamt ca. 3 Stunden.

Männer fangen im reiferen Alter häufig damit an, alte Kindheitsträume wieder zu entdecken. Zum Beispiel die Modelleisenbahn. Oder sie entwickeln neue, bisher nicht favorisierte Hobbys, fangen etwa an zu gärtnern oder ein Instrument zu erlernen, entwickeln eine Sammlerleidenschaft. Mag es Spieltrieb sein oder der Wunsch danach, ein Gebiet zu beherrschen, sich austoben zu können und abends darüber am Stammtisch zu berichten. Frauen betrachten das zwar argwöhnisch. Clever wie sie sind, haben sie im Vorfeld bereits eine Nutzen-Schaden-

Abwägung vorgenommen und dabei festgestellt, dass die neue Leidenschaft immer noch besser ist, als wenn Mann das Saufen anfangen oder ihr im Haushalt anderweitigen Schaden anrichten würde.

Nebenbei bemerkt: Der **Alkohol**, früher nur als gelegentliches Feierabendbierchen und ausschließlich in Gesellschaft konsumiert, hat an Bedeutung für den gehobenen Freizeitwert hinzugewonnen. Die Gelegenheiten, sich mal ein gemütliches Schlückchen zu gönnen, sind nicht mehr an Ereignisse gebunden. Sie sind vielmehr das Ereignis. Und sie finden öfter statt. Obacht dabei vor nicht mittrinkenden Frauen! Sie fangen an zu zählen, wie viel getrunken wird. Und wehe, der erreichte Wert konsumierter Bierchen hat den von ihr einseitig festgelegten Grenzwert überschritten. Beim Kaffeeklatsch mit Freundinnen lässt Frau schon einmal eine kritische Bemerkung in Bezug auf den männlichen Alkoholkonsum fallen: „… Der trinkt ein Bier nach dem anderen …!“ Kunststück! Wie soll man auch sonst trinken? Zwei Bier gleichzeitig macht keinen Sinn. Da steht ein Bier ab, während das andere getrunken wird. Und anschließend schmeckt es nicht mehr.

Sie selbst, also die Frauen, entwickeln in dieser Zeit einen starken Bezug zur Familie, vor allem wenn diese aus Kindern und günstigerweise auch noch Enkelkindern besteht. Stundenlang diskutieren sie Eigenschaften ihrer Lieben mit anderen Frauen, ohne dabei einander zuzuhören. Dialoge laufen dabei etwa wie folgt ab:

Frau (1) sagt „… mein Mann ist ja nur noch faul. Der räumt ja nichts weg, lässt alles liegen, wo er geht und steht …“

Frau (2) erwidert „… also mein Mann hat mir gestern einen Blumenstrauß mitgebracht. Das macht er öfter mal …“

Darauf wieder Frau (1) „… unglaublich, was das für einen Dreck macht. Ich sage immer, Du musst gerade meckern (…), ich sage …“

Und Frau (2) dazu „… Rosen waren es nicht, na ja … aber er hat sich was dabei gedacht …“

Frau (1) direkt darauf „… Blumen machen auch nur Dreck. Bis in die Wohnzimmerecken sind die vertrockneten Blüten verstreut. Unglaublich …“

Frau (2) setzt den Dialog dann wie folgt fort: „… Durch die neue Wohnzimmereinrichtung, die mein Mann gekauft hat, haben wir ja gar keine Ecken mehr …“

Wir fingen an mit dem Erfüllen von Wünschen. Das lässt im Alter stark nach. Oder sagen wir mal, die materiellen Wünsche lassen nach. Man hat doch eh schon alles. Wenn es Wünsche gibt, beziehen sie sich auf alltägliche Lebensumstände. Nach wie vor – oder mehr denn je – stellt Frau Mängel in der männlichen Bekleidung fest. Da werden Sandalen mit Kniestrümpfen getragen. Immerhin welche von der gleichen Sorte. Die Hemden sind zu kurz. Sie schaffen es nicht mehr am Bauch vorbei bis rein in die Hose. So bleibt eine luftige Öffnung über dem Schritt, die an heißen Sommertagen durchaus Sinn machen kann, optisch allerdings keinen Augenschmaus darstellt.

Die T-Shirts sind allesamt zu eng, wurden sie doch in Größe „M“ gekauft. „M“ war die Wunschgröße, und das ist sie als Ziel bis heute auch geblieben. Manche Ziele werden im Leben aber nie erreicht. Die Pölsterchen am Oberkörper verleihen den Shirts eine Funktion, wie sie der Darm einer Bratwurstmasse erlebt. Der Körper quillt auf.

Der männliche Haarwuchs auf dem Kopf hat stark nachgelassen – dafür kann Mann aber nun wirklich nichts. Was soll man schließlich auch machen, wenn der Kopf durch die Haare wächst? Stattdessen sprießt es mittlerweile buschig aus Nase und Ohren. Über diese optischen Veränderungen hinaus neigt Mann zum häufigeren Jammern über das eine oder andere Wehwehchen. Dass grippale Infekte für den Mann nahezu den Tod bedeuten können, war schon in jungen Jahren bekannt. Inzwischen kommen regelmäßig Probleme mit Rücken, Knie und Nacken hinzu. Die zwar nicht ärztlich verordnete, aber gern praktizierte stundenlange Schonhaltung auf der Couch im Wohnzimmer hilft auch nur dann, wenn als „Medizin" einige Hochprozenter zugeführt werden. Wenn Kräuter darin sind, ist es schließlich Medizin.

Im Alter erledigen sich Gott sei Dank einige dieser männlichen Probleme. Der Frisör ist seit einiger Zeit kein Thema mehr. Dafür hängt die Garderobe voll mit Baseballkappen. Dank optimaler medikamentöser Einstellung sind auch die orthopädischen Probleme nicht mehr Thema Nummer eins. Schließlich gibt es eine reichhaltige Tagesdosis an verschiedenen Tabletten, die verschiedene Ärzte für notwendig halten.

Mit Ärzten ist es generell so eine Sache. Gar nicht so leicht, den Arzt zu finden, der alle persönlichen Vorurteile bestätigt und genau das feststellt, was Mann schon immer wusste. Unweigerlich drängt sich der Vergleich mit Handwerkern auf. Ärzte sind quasi auch so etwas wie Handwerker. Mit ihnen so umzugehen wie mit Handwerkern, indem für ein „Gewerk" mehrere Vergleichsangebote eingeholt werden, hat die Zahl der Tabletten erhöht, anstatt sie zu reduzieren. Aber solange Mann glaubt, viel hilft viel, soll man ihn in dem Glauben belassen. Und so nimmt er tapfer die tägliche Ration zu sich.

Beiderseits steigt das **Ruhebedürfnis**. Das geflügelte Wort, wonach man einfach mal „seine Ruhe“ haben möchte, wird zum wiederkehrenden Dauerzustand. Ein Stück weit bedeutet das auch, Ruhe voreinander zu haben. Vorbei die Zeiten stundenlang händchenhaltender Idylle auf der Wohncouch. Stattdessen Berieselung durch das Fernsehen, ein gutes Buch (ohne das Qualitätsmerkmal „gut“ sehr hoch zu hängen) oder aber einfach der Blick ins Leere. Bekanntlich sinkt das Schlafbedürfnis im Alter. Das Ruhebedürfnis hingegen steigt. Da der Mann die Ruhe besonders schätzt, ist er bereit, dafür auch einen hohen Preis zu zahlen. Frauen, die genau wissen, welche Knöpfe sie drücken müssen, um ein Ziel zu erreichen, wissen das. Gib ihm seine Ruhe, dann macht er, was du willst. Frauen lernen schon als Mädchen, ihre Lust zu zügeln und ihre Reize bewusst einzusetzen, oder um es mit den Worten von Esther Vilar, Autorin des Buches "Der dressierte Mann", zu sagen: "Die Frau kontrolliert ihren Sex, weil sie für Sex all das bekommt, was ihr noch wichtiger ist als Sex." Und Frau merkt es auch, dass dem alternden Mann nicht mehr primär an Thema Nr. 1 gelegen ist. In Umkehrung dessen, was Esther Vilar geschrieben hat und in Ergänzung der gewünschten Ruhe kann Frau ihm diese Ruhe (vor ihr) geben, wenn er bereit ist, dafür ihr einen anderen Gefallen zu tun. Quid pro quo.

Ach … und dann ist da noch das **Mitteilungsbedürfnis** der Frauen. Frauen teilen sich gern mit. Immer und ständig. Sie fragen nicht, ob ihre Mitteilungen von Interesse sind. Das unterstellen sie automatisch. Während meiner Dienstzeit in der öffentlichen Verwaltung wusste ich eine solche Angewohnheit sehr zu schätzen, sofern es um „wichtige“ Mitteilungen ging.

Informieren nennt man es dort. Informieren ist eine Bringschuld. Der Informierende hat zu informieren und teilt sich mit. Das klappte nicht immer, weil Kollegen ihre Informationen bewusst für sich behielten oder nicht erkannten, in welchen Fällen sie zu informieren hatten. Frau weiß das auch nicht. Darum informiert sie immer und über alles. Als Kommunikationsstörung kennen wir das sinngemäß seit Loriot: „Ich habe einen Schwippschwager Ihres Namens in Elberfeld." Die Antwort darauf – sofern diese Information nicht mit einem einfachen „Ach was" quittiert wird: „Auf dem Campingplatz in Elberfeld liegen die Waschräume separat." Ein Dialog von vielen und so vielsagend …

Aber an Dialogen ist Frau nicht so stark interessiert, mehr an Monologen. Der Informationsgehalt ihrer Mitteilungen übersteigt dabei nicht zwingend das eben veranschaulichte Beispiel von Loriot. Wenn Mann und Frau sich den ganzen Tag über nicht gesehen haben und sich spätabends in der gemeinsamen Wohnung begegnen, kommt sie sofort zur Sache: „Du glaubst gar nicht, was mir heute passiert ist! Ich habe Frau Müller im Bus getroffen. Ihre Tochter lebt jetzt wieder bei ihr." Über derlei wichtige Informationen mag man geteilter Auffassung sein. Wenn Mann dagegen im Laufe des Tages um zig Tausend Euro Verträge verhandelt hat, zwischenzeitlich ein Wasserschaden im Dachgeschoss eingetreten und behoben worden ist und die lang ersehnte berufliche Fortbildung als Grundlage einer besseren Bezahlung bewilligt wurde … all dies muss auch mal zurückstehen, wenn Frau andere wichtige Mitteilungen loswerden muss. Außerdem hätte sie von sich aus schon danach gefragt … so in zwei Wochen etwa. Bei alledem hätte Mann auch einmal von sich aus etwas berichten können. Wenn er denn zu Wort gekommen wäre …

Die Probleme mit der **Kleidung** halten sich bedauerlicherweise hartnäckig. Zwar wechselt er nicht mehr so oft wie früher, aber es treten Verwechslungen auf. So ist es ratsam, ab und zu nachzusehen, ob die unterschiedlichen Socken wenigstens modisch zusammenpassen. Anzüge besitzt Mann inzwischen gar keine mehr - sie waren mittlerweile alle zu eng - … oder fast keine. Der Anzug von der Konfirmation hängt noch sauber in der Ecke des Kleiderschranks. Er kann „in Notfällen" getragen werden, etwa bei Trauerfeiern oder Hochzeiten. Den größten Anteil im Kleiderschrank nehmen jetzt die sechs Jogginganzüge ein. Alle waren Sonderangebote.

Auch die **Körperpflege** stellt sich im Alter als schwierig heraus. Seit der Einstieg in die nicht ebenerdige Duschkabine nicht mehr ohne Hilfe bewerkstelligt werden kann, hat die Zahl der wöchentlichen Duschgänge stark abgenommen. Für Mann kein Problem. Kompensiert wird das durch die verstärkte Benutzung unterschiedlicher Deodorants. Um Hygiene wird sich immerhin noch bemüht. Aber Mühe allein genügt bekanntlich nicht. Einige Körperregionen mögen es nicht so sehr, mit Chemikalien angesprüht zu werden.

Die Toilettenbenutzung ist seit Jahrzehnten eine Glaubensfrage. Glaubt eine Frau, die mitten im Leben steht, wirklich ernsthaft, dass sich jeder Mann für ein kleines Geschäft auf die Brille setzt? Angesichts der nachlassenden Zielgenauigkeit im Alter wäre es allerdings ratsam, wenn Mann inzwischen die Toilette endlich ausschließlich im Sitzen benutzen würde. Angeblich tut er das nicht, weil er anschließend nicht mehr gut allein wieder hochkommt. Es soll auch schon vorgekommen sein, dass Mann beim Sitzen auf der Toilette eingeschlafen ist und Frau längere Zeit nicht wusste, wo er sich aufhält.

Das Wichtigste im Alter ist, körperlich und geistig rege zu bleiben. Besonders die vielfältigen Computerspiele unterstützen dabei inzwischen sehr. Was zuletzt im Arbeitsleben nicht mehr funktionierte – sich in komplizierte Fragestellungen zu vertiefen, gelingt hier spielend. Inzwischen gelingt es Mann sogar, ganze Kompanien außerirdischer Armeen in wenigen Klicks am Computer zu vernichten. Bei den letzten Wettbewerben im Kollegenkreis vor einigen Jahren wurden weitaus schlechtere Resultate erzielt.

Zur **körperlichen Ertüchtigung** wird vier Mal wöchentlich das Auto von Hand gewaschen.

Kombiniert mit dem Rasenmähen an allen ungeraden Tagen ist für ausreichend Bewegung gesorgt. Unverantwortlich, wie alle diese Dinge damals während der Vollzeit-Berufstätigkeit vernachlässigt werden mussten.

Für die so wichtigen kommunikativen Elemente gegen die Vereinsamung im Alter sorgt jeden Sonntag der Frühschoppen ab 10 Uhr in der Gastwirtschaft um die Ecke. Dort kommen regelmäßig wichtige politische Fragen zum Austausch. Dabei wird es auch schon mal lauter, vor allem aber länger als geplant. Spätestens zum Beginn der politischen Talkshow mit Anne Will in der ARD um 21:45 Uhr findet sich Mann wieder vor dem heimischen Fernsehgerät ein.

Was ist jetzt eigentlich aus all den Wünschen geworden?

Frauen schaffen es im Alter trotz schwindender Attraktivität immer noch, ihre Reize gezielt einzusetzen, um Wünsche erfüllt zu bekommen. Sofern Sex im Alter noch eine Rolle spielt. Vielfach ist er längst ersetzt durch so etwas wie Zusammengehörigkeitsgefühl. Zu einer langen Ehe gehört nun mal auch, in guten wie in schlechten Zeiten zusammen-zubleiben. Das schließt es ein, Macken des Partners zu ignorieren oder sie schlicht auszuhalten, wenn sie sich schon nicht ausblenden lassen. Vor allem wenn man der Ansicht ist, Ehepaare kommen gemeinsam in den Himmel. Danach ändert sich auch mit dem Ableben nichts. Böse Zungen behaupten, dass dies den Reiz der Hölle wesentlich erhöhen würde.

Inständige Bitten der Frau um die Erledigung irgendwelcher Dinge durch den Mann dringen durch, wenn Mann erkennen kann, dass es ihr wichtig ist und er anschließend seine Ruhe hat. Oder aber, wenn Frau ganz einfach weiß, welche Knöpfe sie drücken muss, um ihr Ziel zu erreichen. Dieses Wissen geht den Frauen auch im Alter nicht verloren. Auch wenn es dann nicht mehr der romantische Abend zu zweit ist, der dem Mann als Belohnung winkt. An dessen Stelle tritt der mit Liebe gemachte, selbstgekochte Mandelpudding. Auf diese Art und

Weise lässt es sich doch noch einige Jahre aushalten.

Anfangs sprachen wir über Wünsche. Das Thema findet nun in diesem Buch noch eine Fortsetzung. Die schwerwiegenden Wünsche der Frauen an ihre Männer habe ich im Kapitel „Der perfekte Tag für Frauen“ beschrieben.

Der perfekte Tag für Frauen

Frauen haben nun einmal spezielle Vorstellungen über ihr Leben in einer Partnerschaft. Das hört auch bei den reiferen, lebenserfahrenen oder sagen wir älteren von ihnen nicht auf. Befinden sie sich in einer langjährigen Partnerschaft, so durchleben sie – wie auch die Männer – gewisse routinierte und eingefahrene Tagesabläufe, die mit der Zeit ihre Spannung eingebüßt haben. Hinzu kommt der tägliche Ärger über den Partner und dessen Angewohnheiten. Beispiele gefällig?
Manche Männer glauben beharrlich, dass sich benutztes Geschirr von selbst in die Geschirrspülmaschine stellt. Also lassen sie es stehen. Häufig ist ihnen auch entfallen, dass sie einen Kleiderschrank besitzen. Ihre Kleidungsstücke liegen daher überall in der Wohnung verstreut. Die unter Freundinnen häufig verwendete Formulierung dafür: „Er könnte etwas mehr …"

Das sind nur zwei der vielen Beispiele von Frauen, die von sich behaupten, den Löwenanteil der Hausarbeit zu verrichten oder damit gänzlich allein gelassen werden, was schon deshalb ein Missstand aus ihrer Sicht ist.
Ich gebe zu, mir sind solche männlichen Unzulänglichkeiten in der korrekten Behandlung des Essgeschirrs und der getragenen Kleidung aus eigener Erfahrung nicht ganz unbekannt. Ich finde aber, dass es unterschätzt wird, welche Rolle die Eignung bei bestimmten Hausarbeiten spielt. Spätestens beim gelegentlichen Einräumen des Geschirrs in die Spülmaschine – kommt mal vor – unterläuft mir ein Fehler, der später gerügt wird: „Die Tassen gehören auf die obere Ablage, nach Größen sortiert!" … Aha! Das Ganze hat eine Struktur und Perfektion ist gefragt. Kein Geschirrteil steht ohne Grund an irgendeiner Stelle. Ich muss eingestehen, ohne eine gründliche Einweisung wird das nichts.

Dabei werden allerdings wirtschaftswissenschaftlich fundierte Grundsätze über Bord geworfen. Wenn ich für jeden einzelnen Löffel oder Teller jedes Mal die Geschirrspülmaschine neu öffne und schließe, ist das aus meiner Sicht arbeitstechnisch unwirtschaftlich. Es lohnt sich doch viel mehr zu warten, bis eine bestimmte Menge dreckigen Geschirrs auf der Spülablage gestapelt wurde. Eine Ansicht, mit der ich nur ein verständnisloses Kopfschütteln ernte. Wo ästhetische Fragen im Raume stehen, ist die Wissenschaft außen vor.
Wie erwähnt … zwei Beispiele von vielen, die zeigen, wie unterschiedlich die Menschen ticken, besonders wenn der eine ein Mann und die andere eine Frau ist. Männer und Frauen passen mit ihren Ansichten offenbar einfach nicht zusammen.

Was die Geschirrspülmaschine angeht, habe ich mir klargemacht, dass hier nicht mein Kompetenzbereich liegt. Das macht mich natürlich in gewisser Weise angreifbar. Nicht zu wissen, wie Geschirrspülmaschine und Waschmaschine genau zu bedienen sind, ist ein Handicap in der Auseinandersetzung darüber, wer welche Kompetenzen besitzt. Ich kontere an der Stelle regelmäßig damit, dass Frau keine Einkommensteuererklärungen abzugeben in der Lage ist, weil sie zum Beispiel ihre Steuer-Identifikationsnummer nicht kennt. Außerdem habe ich schon einmal einen Ölwechsel am Auto vorgenommen. Sofern nötig, könnte ich das auch bei der Waschmaschine.

Neben diesen alltäglichen Abläufen geht es Frauen häufig um zwischenmenschliche Empathie. Sie sind an anderen Menschen interessiert und erwarten auch Interesse an sich.
Es geht ihnen viel um ihre Wirkung auf andere. Eine Rolle spielt dabei das Gewicht.
Zu einem perfekten Tag für eine Frau gehört zunächst einmal die morgendliche Gewichtskontrolle, verbunden mit der Fest-

stellung, zwei Kilogramm weniger als am Vortag zu wiegen. Das Frühstück mit frisch gepresstem Orangensaft, Croissants und einem Schmuckgeschenk wird direkt ans Bett serviert. Die restliche Zeit des Vormittags ist aus männlicher Sicht nicht der Rede wert, weil sie ausschließlich aus Körperpflege, einem heißen Bad, Maniküre und Gesichtskosmetik besteht. – Für die Frauen zweifellos sehr wichtig. Bei Männern gehört nicht alles davon zum Pflichtprogramm.

Optimal gepflegt kann der Tag für die Frau gegen Mittag starten. Das Mittagessen nach kurzem Aufenthalt im Fitnessstudio, bei dem es eigentlich nur um das Sehen und gesehen werden ging, erfolgt in Begleitung des persönlichen Trainers. Persönliche Trainer aus gehobenen Fitnessstudios sind groß gewachsene, gut aussehende, braun gebrannte und muskulöse Männer … mit Verstand. - Nein, kein Widerspruch!
Das Mittagessen wird rein gar nicht zufällig mit der Exfrau ihres Partners eingenommen. Erfreut konstatieren beide anschließend unabhängig voneinander, dass die jeweils andere mindestens 5 Kilogramm zugenommen hat. Kein Wunder, dass ihr Mittagessen nur aus einem grünen Salat bestanden hatte.

Der Nachmittag steht ganz im Zeichen einer ausgedehnten Shoppingtour, die dank der Kreditkarte des Mannes die Frage nach preiswerten Artikeln eher als unwichtig erscheinen lässt.
Der sich anschließende Mittagsschlaf beginnt verspätet und verschiebt sich wegen des Shoppings auf 17 Uhr und endet nicht vor 19.30 Uhr. War schließlich ein anstrengender Tag.

Da nun absehbar nicht mehr alle Termine zu schaffen sind, müssen Massage und Modenschau auf einen anderen Tag verschoben werden. Es wartet schließlich die Einladung zum Candle-Light-Dinner, umrahmt von etlichen Cocktails und Komplimenten für ihr perfektes Aussehen, wobei die Anzahl der Komplimente mit der Zahl der eingenommenen alkoholischen Getränke stetig wächst.

Eine heiße Dusche beschließt diesen ereignisreichen Tag. Schließlich die Krönung: Der Partner trägt sie ins Bett.
Was dann folgt, ist der einzige Fehler an diesem bis dahin optimalen Tag: Mann erkundigt sich scheinbar beiläufig, warum Frau am Morgen das Make-up aufgetragen hat, wenn sie doch ins Fitnessstudio gehen wollte.
Dabei hätte doch alles so schön sein können …

Der perfekte Tag für Männer

Männer im reiferen Alter haben weniger Wünsche, aber dafür mehr Träume. Einige davon sind nicht oder nicht mehr realisierbar. Eitelkeit treibt sie tendenziell weniger um – natürlich … von einigen Ausnahmeerscheinungen abgesehen. Aber im Durchschnitt schon einmal deutlich weniger, als es bei den Frauen der Fall ist. Der Wohlstandsbauch und die Halbglatze werden inzwischen als unvermeidlich hingenommen. Im Zweifel hilft die Erkenntnis, dass wirkliche Schönheit bei Männern ein Gesamtpaket darstellt und nichts damit zu tun hat, wie man aussieht, sondern was Mann im Kopf hat.

Im Vordergrund steht mehr der Wunsch, das restliche Leben zu genießen. Dazu gehört auch bei ihnen auch, dass sie sich hin und wieder etwas gehen lassen. Die Zwänge, sich um tadelloses Benehmen und die Wirkung auf andere Menschen zu kümmern, sind deutlich zurückgebildet. Sie sind stolz, ein Charakterkopf geworden zu sein, der seine festen Prinzipien und Grundsätze sowie stets eine Meinung hat. Zu allem, was wichtig ist. Sie sind der Indikator für die bekannte Redensart „… Den änderst du nicht mehr …“, die manchen Männern nachgesagt wird.

Auch Männer haben eine Vorstellung von einem perfekten Tag. Nach dem Aufstehen genießen sie gern ein kräftiges Frühstück. Entweder die englische Variante, bestehend aus gebratenen Würstchen mit Speck, Baked Beans, gesalzenen Räucherheringen, schwarzem Tee mit Grapefruit und Orangenmarmelade oder gleich ein Rump-Steak. Ach so … Kaffee kann auch dabei sein. Stört nicht weiter.
Nach so einem deftigen Tagesauftakt lässt die Verdauung nicht lange auf sich warten. Der Toilettengang ist aber ein feststе-

hendes Ritual aus meditativem Einsitzen und gleichzeitigem Genuss des Sportteils aus der Tageszeitung. Das dauert seine Zeit. Auch wenn der eigentliche Zweck bereits kurz nach Betreten des Raumes erfolgreich vollzogen wurde, findet die abschließende Bearbeitung des Sportteils noch an gleichem Ort statt. Genießer unter den Männern zünden sich anschließend dabei noch eine Zigarette an. Das ist der unstillbare Drang nach Freiheit – eine weltbekannte Zigarettenwerbung vor Augen.

So gestählt kann der Tag beginnen.
Nach einem hochprozentigen Aperitif wird das Auto gewaschen (ca. 4-mal wöchentlich) und anschließend der Rasen gemäht - ca. 3-mal wöchentlich, im Winter nur 1-mal wöchentlich. Der eine oder andere Nachbar schaut auf ein schnelles Pils vorbei und es ergeben sich inhaltsreiche Gespräche über Lackpflege, Düngungsprozesse und manchmal auch Weltpolitik.

Mittags steht ein Treff mit alten Kumpels in geeignetem Ambiente an. Die passende Imbissbude ist auch schnell gefunden. Nach einer Bratwurst, einem Cheeseburger und drei großen Dosen Bier sind die wichtigsten Themen rund ums Autowaschen, Rasenmähen und den Fußball besprochen. Für den Nachmittag kommt es nach einer spontanen Verabredung (gleiche Besetzung) zu einem Treffen am naheliegenden Kiesteich. Gegen 19:30 Uhr ist der vorsorglich mitgebrachte Kasten Bier geleert.

Zu Hause angekommen wird die Bartrasur nachgeholt. Morgens war dafür keine Zeit. Der restliche Abend wird vor der Spielekonsole verbracht, während das Netflix-Programm auf dem Parallelbildschirm einige Filme, vorzugsweise der Kategorie „FSK 18“ abspielt.

Das Abendessen serviert die Partnerin leicht bekleidet.
Mann isst hastig, während alles für die Massage und das Bad im Whirlpool vorbereitet wird.
Für den späteren Abend haben sich noch ein paar Kumpels angesagt …

Finanzielle Weichenstellungen

Bauen Sie mindestens 2 Häuser! Erfahrungsbericht und Ratgeber für Bauwillige

Im Herbst des Lebens angekommen, sitze ich hier in meinem viel zu großen Einfamilienhaus und habe doch nur noch eine Frau hier wohnen. Die Kinder sind ausgezogen und die 5 Zimmer übersteigen bei Weitem den Standard des Benötigten, gehen wir mal von der klassischen Aufteilung „Wohnzimmer-Schlafzimmer-Küche-Bad“ aus. Eine volle Unterkellerung haben wir vor nunmehr 23 Jahren auch bauen lassen. Entsprach dem damaligen Trend. Die Räume im Sockelgeschoss werden schon länger nicht mehr kontinuierlich aufgeräumt. Sie dienen als Lagerstätte für Vorräte und den künftigen Sperrmüll. Daneben liegen dort Werkzeuge und übrig gebliebene Baumaterialien neben alten Kinderspielsachen, Verpackungskartons für Bücher, CDs, … und natürlich die Fahrräder nicht zu vergessen. Das sind allerdings nur die nicht mehr im Gebrauch stehenden Fahrräder. Die noch benötigten – je zwei für mich und meine Frau – befinden sich im Anbau der Garage. Einen Spitzboden habe ich auch. Ca. 40 qm groß und glücklicherweise nicht ausgebaut. Hätte ich damals nicht so viel zu tun gehabt mit Berufstätigkeit, Familie, Kindern, Bauvorhaben, Nebentätigkeit - der Spitzboden wäre sicherlich auch ausgebaut worden. Für wen oder was eigentlich, frage ich mich heute. Aktuell liegen dort alte Klamotten, weitere Spielsachen und die Schulbücher und Ordner der Kinder. Alles bewahren wir bei uns auf. Nichts davon wird absehbar gebraucht. Das sind doch Luxusprobleme, werden Sie denken. Wie viele andere Menschen haben eine zu kleine Wohnfläche!? Absolut korrekt. Unser Beispiel zeigt, dass auch zu viel nicht gut ist.

Aktuell träume ich wie viele ältere Menschen vom barrierefreien Wohnen in einem neuen, den derzeitigen Wohnbedürfnissen angepassten Bungalow. Würde ich das realisieren, hätte ich zum dritten Mal neu gebaut. Unweigerlich kommt mir der Begriff des Lebensabschnittspartners in den Sinn. Scheinbar gibt es auch Lebensabschnittswohnungen.

Jedoch ist ein Umzug, verbunden mit einem Neubau, weniger wahrscheinlich. Wir müssten einen Wohnortwechsel vornehmen, da die Nachfrage nach Grundstücken bei uns im Ort alles bisher Dagewesene sprengt. Wartelisten im vierstelligen Bereich. Außerdem stellt sich die Frage nach dem Sinn eines neuen Bauvorhabens im Alter. Der damit verbundene Stress, die aktuellen Höchstpreise für Immobilien, die nachlassenden körperlichen Kräfte und das nicht unerhebliche Risiko einer Fehlentscheidung in Bezug auf die Wohnlage, die möglicherweise schwierige Orientierung in einem neuen Umfeld … alles spricht dagegen.
Und doch kann ich es nicht ausschließen.

Wie hat das eigentlich alles angefangen?
Meine Eltern gehörten zur Kriegsgeneration und lebten mit den beruflichen Nachteilen, die viele Deutsche damals hatten. Die eigenen vier Wände waren schon aus finanziellen Gründen nie ein Thema bei uns zu Hause. Die Wohnverhältnisse waren beengt, was im Kindesalter noch unproblematisch erschien. Als Teenager war das 12 qm große Zimmer für mich und meinen Bruder allerdings deutlich zu klein.
Die Eltern meiner Frau waren über 10 Jahre jünger als meine Eltern, der Vater schaffte über den zweiten Bildungsweg ein Ingenieurstudium und Brigitta wuchs in einem Bungalow auf.
Sie hatte im Gegensatz zu mir ein eigenes Zimmer gehabt. Heute bin ich mir sicher, dass mich diese Einflüsse schon recht bald auf den Gedanken nach den eigenen vier Wänden gebracht hatten. Übermäßiger Reichtum war es jedenfalls nicht. Als jun-

ger Familienvater mit Mitte zwanzig stand ich erst am Anfang meiner beruflichen Karriere und die Bedürfnisse waren wie bei allen Jungfamilien unendlich größer als das zur Verfügung stehende Budget. Meine Schwiegereltern und ihr Bungalow wurden so etwas wie ein Leitbild für mich. Auch sie realisierten damals ihr Bauvorhaben mit nur geringem Eigenkapital.

Zu Beginn meiner Überlegungen zu einem Bauvorhaben hatten wir in Deutschland ein hohes Zinsniveau. Viele können sich das heute überhaupt nicht mehr vorstellen. Derzeit haben wir keine Zinsen auf Sparguthaben. In den 90er-Jahren wurden Festgelder mit über 5 % verzinst und das Baudarlehen kostete schon einmal knapp 10 % Zinsen. Unvorstellbar – werden alle nachfolgenden Generationen denken, aber so war es.
Fast zwangsläufig gab es damals die Faustformel, wonach 40 % der Baukosten als Eigenkapital vorhanden sein mussten. Bei einem angenommenen Volumen von 250.000 DM – ein durchaus realistischer Preis für ein kleines Einfamilienhaus in der damaligen Zeit – waren mindestens 100.000 DM mitzubringen. Auf diesen Betrag kamen wir nicht, auch wenn ich bereits einiges angespart hatte. So wurden die ersten unverbindlichen Vorgespräche mit meiner Bank etwas „haarig", rechneten die doch sehr genau den persönlichen Bedarf aus. Wenn ich mindestens 150.000 DM zu rund 10 % Zinsen als Darlehen aufnehmen muss, so bedeutete dies 1.250 DM Zinsbelastung im Monat. Dazu kam der Tilgungssatz mit 2 %, wodurch sich der aufzubringende Kapitaldienst um weitere 250 DM im Monat erhöhte. Zuzüglich eines Sicherheitsbetrages von einigen hundert DM, den Aufwendungen für Strom, Gas, Wasser, allen weiteren laufenden Kosten einschließlich der Unterhaltung des Autos kamen wir schnell auf rund 2.200 DM im Monat. So viel verdiente ich gerade einmal zu dieser Zeit.
„Und wovon wollen Sie dann leben?", fragte der Banker. Be-

rechtigte Frage. So scheiterte der erste Anlauf einer Immobilienfinanzierung. Ich hatte Hausaufgaben zu erledigen.

Für den Neubau eines Eigenheims brachte ich nicht viel mit, schon gar keine Erfahrung und eigentlich nur unzureichende handwerkliche Fähigkeiten. Das sollte mir später noch deutlicher klar werden. Aber mit Geld konnte ich umgehen. Während meines Verwaltungsstudiums spezialisierte ich mich auf finanz- und betriebswirtschaftliche Inhalte. Von Hause aus brachte ich darüber hinaus die Fähigkeit mit, Geld als eine knappe Ressource zu betrachten und sprichwörtlich jeden verdienten Betrag vor einer Ausgabe umzudrehen.
Der Eigenheimerwerb wurde auf eine bezahlbare Doppelhaushälfte reduziert. Die finanzielle Deckungslücke wurde auf mehrfache Weise gestopft. Ich hatte als Lehrkraft eine Nebentätigkeit in Aussicht, die sich als lukrativ erweisen sollte. Der Landkreis legte ein Wohnungsbauprogramm für junge Familien auf – wir waren dabei. Eltern und Schwiegereltern halfen mit Zuschüssen. Im Ergebnis war die Finanzierung auf dem Papier gesichert und der Banker schließlich zufrieden. Da er nun nicht mehr um die Rückzahlung des beantragten Darlehens bangen musste, realisierte er freudig, dass er angesichts des vorherrschenden Zinsniveaus von knapp 10 % ein gutes Geschäft in Aussicht hatte und bewilligte uns den Immobilienkredit.

Da die Kreditzinsen heute auf ein Minimum des damaligen Zinssatzes geschrumpft sind, spielt die Frage nach dem Eigenkapital bei Bauwilligen aktuell nicht mehr eine so große Rolle, schlicht weil die monatliche Belastung erheblich geringer ausfällt, wenn kaum Zinsen anfallen.
Gleichwohl sollten finanzielle Spielräume im häuslichen Budget vorhanden sein. Daher nützt es sehr wohl, mit etwas Eigenkapital die Finanzierung zu unterfüttern. Besonders der Posten

„Unvorhergesehenes“ erweist sich als ein ständiger Begleiter eines Bauvorhabens. Sie wissen ja nicht, an was Sie alles nicht denken. Natürlich wissen Sie das nicht. Sonst würden Sie ja daran denken und hätten nichts Unvorhergesehenes.
Und wenn Sie jetzt denken, bei Ihnen sei das weniger problematisch, weil Sie „schlüsselfertig bauen“, so sage ich Ihnen, ich habe auch immer schlüsselfertig gebaut. Ein Irrglauben, wenn man denkt, man habe damit nichts mehr am und mit dem Bauvorhaben zu tun. Nicht jede schlüsselfertige Variante schließt jede Tapete, jeden Farbanstrich oder Außengewerke ein.

Darüber hinaus gilt es Einrichtungsdetails festzulegen und Entscheidungen über Material zu treffen: Welche Fliesen, welche Dachpfannen, welche Sanitärausstattung, welche Steckdosen und vor allem wie viele und wo sollen sie angebracht werden, abschließbare Fenstergriffe, moderne Hauselektronik und … und … und …
Mit war schnell klar, dass es in der Bauphase fast täglich eine Entscheidung mit finanziellen Auswirkungen zu treffen gilt. Vielleicht sind es 100 Entscheidungen, die vom Rohbau bis zum Bezug des Hauses vom Bauherrn abzusegnen sind. Und hinterher erkennen Sie, 10 Entscheidungen waren wohl falsch. Nicht deshalb allein sollten Sie neu bauen, aber vielleicht auch deshalb. Das passiert mir nicht wieder, sagte ich mir. Nach zweimaligem Bau eines Hauses wurde mir allerdings klar, ich kann auch noch ein drittes Mal bauen. Von meinen erneut zu treffenden 100 Entscheidungen werden wieder 10 sich im Nachhinein als falsch herausstellen. Vielleicht 10 andere, aber trotzdem wieder 10 der 100 Entscheidungen.

Anfangs war das Wohnen in diesem kleinen Baugebiet ganz idyllisch. Unsere Straße zweigte von der Hauptstraße u-förmig

ab, sodass wir etwas zurückgezogen von dem Rest des Ortes unter uns blieben. Wir waren alle Anfang dreißig, Familien mit kleinen Kindern. Und alle waren Techniker oder Handwerker, beschäftigt bei dem größten Arbeitgeber unserer Region, dem VW-Werk. Ich lebte als Verwaltungsbeamter wie ein Fremdkörper unter ihnen, besonders wenn es um Eigenleistungen beim Bauvorhaben ging. Während die anderen sich vor keiner handwerklichen Arbeit scheuten, musste ich passen. Meine Kenntnisse, Fertigkeiten und mein Geschick waren dem von ihnen haushoch unterlegen. Um das zu kompensieren, ging ich in die Offensive und bot mich bei allen anstehenden Arbeiten als Hilfe an. Man könnte auch sagen – als Handlanger. Dadurch hoffte ich, dazuzulernen, was auch geschah.
Beim Feierabendbier unter Nachbarn erfuhr ich regelmäßig, wer gerade an was arbeitete und was die Probleme seien. Natürlich wussten alle, dass ich keine große Hilfe sein konnte, aber mein Einsatz wurde belohnt. Ich ging psychologisch geschickt vor, indem ich von vornherein den anderen die Entscheidungskompetenz überließ, räumte ein, wie viel sie mir an handwerklich-technischem Wissen überlegen waren und war mir für einfache Hilfsarbeiten nicht zu schade.
Meine Rechnung ging auf, denn auch meine Handwerksarbeiten erhielten nun fachgerechte Unterstützung und konnten in Eigenleistung ausgeführt werden. Sobald ich begriffen hatte, wie man eine Unterkonstruktion für die Holzvertäfelung baut und verankert oder Beton anmischt, machte ich es nach. Zwar sah man meinen Arbeiten bisweilen an, dass sie kein gelernter Handwerker ausgeführt hatte. Andererseits sparte ich Geld und genoss das Gefühl, auch etwas selbst gebaut zu haben. Ich beherrschte jetzt Dinge, die ich eigentlich gar nicht können musste. Die erfolgreich hochgezogenen Gewerke wurden anschließend feuchtfröhlich eingeweiht.

Eine Weile schien diese Wohnidylle durch nichts getrübt zu werden. Die Enge der Zusammengehörigkeit von uns sechs Familien war wie naturgegeben. Auch die Kinder spielten zusammen … bis sie sich stritten. Um Nichtigkeiten. Natürlich.
Da steht man als Elternteil drüber, glauben Sie. Das trifft aber niemals auf alle zu. Einige sehen das ganz schön eng und empfinden es nicht als „Kinderkram", wenn ihr Sprössling plötzlich irgendwo nicht vorn dabei war.

Generell sind Verbrüderungen unter Nachbarn nicht ungefährlich. Der Nachbar ist nicht automatisch ein Freund. Und nur, weil er der Nachbar ist, muss er das auch nicht werden. Auch sind sich nicht alle Familien untereinander wohlgesonnen. Cliquenbildung entstand. Und die Clique sprach über den Rest der Straße. Nicht immer gut.
Wer ist mit wem und warum zusammen? Wieso wurden wir nicht gefragt?

So kam es über die Streitigkeiten der Kinder zu ersten Unstimmigkeiten. Die Unterschiede zwischen antiautoritärer und strengerer Erziehung wurden deutlich und blieben unüberbrückbar. Nicht jeder denkt gleich. Warum ist es ein Problem, wenn die Kinder immer nur im Garten des Nachbarn X spielen wollen …? Gut, dann spielen sie halt heute bei uns, aber der Sand aus der Sandkiste wird bitte nicht auf dem neu angelegten Rasen verteilt! Laura verteilt immer den Sand auf dem Rasen. Bei uns hat sie das auch gemacht. Wie sehr darf ich mit Nachbarskindern schimpfen?

Die Harmonie bekam Risse. Die Probleme der älter werdenden Kinder miteinander übertrugen sich auf die Erwachsenen. Durch die ungezwungene Art, die man sich durch gemeinsames Bauen und Feiern angewöhnt hatte, wurde schnell Klartext

gesprochen. Jeglicher Respekt zwischen eigentlich einander fremden Leuten war ein Stück weit abhandengekommen. Der erste Kraftausdruck fiel.
So langsam kam mir der düstere Gedanke in den Kopf, man habe sich vielleicht zu schnell mit Leuten angefreundet, die man gar nicht wirklich kannte und mit denen wir außer Bauen und Wohnen keine Gemeinsamkeiten hatten. Aus meinem beruflichen Umfeld wusste ich bereits, dass man in einer „Bürogemeinschaft" den Kollegen nie zu schnell das „Du" anbieten sollte. Nun übertrug sich diese Erfahrung auf die Wohnverhältnisse mit den Nachbarn. Diejenigen aus dem Baugebiet, die nicht zu den sechs eng verbrüderten Familien gehörten und sich von vornherein aus allem raushielten, waren nun besser geschätzt als wir, die wir doch eigentlich Freunde mit allen geworden waren. Aber waren wir das wirklich? Zur Freundschaft gehört auch Verständnis füreinander und es gehören gemeinsame Werte dazu. Das hatten wir vorab nicht geprüft. Stattdessen ließen wir uns treiben und feierten eine Scheinsolidarität, die nur so lange Bestand hatte, bis die ersten Meinungsunterschiede aufkamen.
Nun gab es erstmalig Funkstille zwischen einigen Familien. Und wir mittendrin.

Mit deinem Nachbarn kannst du dich streiten. Vielleicht bekommt einer recht und der andere ist im Unrecht. Aber ihr wohnt danach weiterhin nebeneinander.
Es gibt Menschen, die können das ausblenden und es ist ihnen egal, wie andere zu ihnen stehen. Uns machte es zusehends Probleme.

In dieser Zeit bemerkte ich, dass unsere Doppelhaushälfte einige Nachteile hatte. Die Kinderzimmer waren sehr klein. Für Teenager zu klein. Das Schlafzimmer lag zur Hauptstraße hin, auf der der Verkehr nachts zu hören war. Der Keller war feucht. Das Arbeitszimmer im ausgebauten Dachboden war im Sommer viel zu warm. Die eine oder andere Heimwerkerarbeit hätte sorgfältiger und genauer ausgeführt werden können.

Und nun noch die doofen Nachbarn …

Irgendwann warf ich die vorsichtige Frage auf, ob man nicht verkaufen und anderswo noch einmal bauen könnte. Brigitta war zögerlich, aber zeigte keinen echten Widerstand. Warum also nicht alles mit den gewonnenen Erfahrungen neu und besser machen? Wir waren doch noch jung mit Ende dreißig, noch in der ersten Hälfte des Lebens.

Neues Einfamilienhaus

Fast reflexartig schaute ich mal wieder in die Immobilienanzeigen der Zeitungen. Dabei stieß ich schon bald auf ein junges und innovatives Unternehmen in der Region. Sie warben mit Einfamilienhäusern nach individuellen Vorstellungen. Da unsere Gemeinde eine extensive Baulandpolitik betrieb, tat sich auch gleichzeitig ein neues Baugebiet auf – nicht einmal einen Kilometer von unserer Doppelhaushälfte entfernt und in einer attraktiven Ortsrandlage. Die Grundstücke waren noch nicht vergeben.

Was könnte uns jetzt noch aufhalten? Die finanziellen Verhältnisse hatten sich verbessert, nachdem ich mit Anfang dreißig bereits in eine Führungsposition aufrücken konnte. Trotzdem war die Entscheidung noch nicht gefallen. Vielleicht schauen wir uns mal einige Immobilienobjekte des Bauunternehmens unverbindlich an. Gesagt - getan. Der Geschäftsführer dieser aufstrebenden Baufirma lud uns zu einer Fahrt zu einigen gerade fertiggestellten Häusern ein. Anschließend schauten wir auf einige Bauzeichnungen von Entwürfen künftiger Einfamilienhäuser. Alles ganz nett. Wir gingen auseinander und einige Tage später zog es uns wieder hin. Die mitgenommenen Prospek-

te warfen einige Fragen auf.
Ich wollte sie klären. Vielleicht gibt es dann Gesichtspunkte, die dagegen sprechen, sich noch einmal zu verändern. Es gab sie nicht, nachdem wir noch einmal gesprochen hatten.
Und nun saßen wir nur noch dort im Büro und schauten uns an. Peinliche Stille. Keine Fragen mehr … nein, hatten wir nicht. Alles geklärt, was wir wissen wollten.
Einer von uns beiden sagte kurz darauf: „Dann können wir das doch nehmen, oder …?“ „Hm … ja, … eigentlich schon …!“ „Ja, wirklich …?“ „Ja!“
Alles kam zögernd, aber die Entscheidung war gefallen und der sichtlich begeisterte Mitarbeiter der Bauträgerfirma zog sofort eine Flasche Sekt aus dem Regal und gab sie uns mit.

Nun hatten wir eine neue Immobilie erworben.
Das größte Problem war neben den wieder zu treffenden 100 Entscheidungen, von denen erneut 10 definitiv falsch entschieden worden sind, das finanzielle Risiko. Sollte es nicht gelingen, rechtzeitig die Doppelhaushälfte zu verkaufen, fehlte das Kapital für den Neubau des nunmehr freistehenden Einfamilienhauses. Erfolgt der Verkauf zu früh, verlieren wir den Wohnraum, ohne bereits in das neue und unfertige Haus einziehen zu können. Beide Termine, also Verkauf und Übergabe sowie Einzug, mussten aufeinander abgestimmt werden. Das war insofern nicht einfach, weil beide Ereignisse sich nicht exakt timen ließen. Welche Vorstellungen wird unser Käufer mitbringen? Ist er flexibel oder hat auch er eine Wohnung oder ein Haus zu einem bestimmten Zeitpunkt abzugeben?
Auf der anderen Seite hatten wir es mit Handwerkern zu tun, die nicht immer pünktlich erschienen und damit einige Gewerke nicht fristgerecht fertigstellten. Das war uns zwar nicht neu, aber jetzt war es besonders problematisch.
In dieser Zeit schlief ich schlecht, vernachlässigte meinen neu-

en Job in einer Kommune und musste jeden Tag auf die Baustelle. Daneben Telefonate und Gespräche, um alles zu koordinieren. Zwischenfinanzierungsmodelle im Hinterkopf und die ungelöste Frage, wo wir bei einem vorzeitigen Auszug bleiben sollten. Nach einigen Monaten der Bauphase stand fest:
Es wird letztlich passen, weil die Koordinierung gelang.

Um beim etwas teureren Neubau Geld zu sparen, vereinbarte ich wieder einige Eigenleistungen, die ich angesichts meiner nun vorhandenen Erfahrungen nacheinander abarbeitete. Maler- und Tapezierarbeiten, Fliesen verlegen und Vertäfelungen anbringen. Gut ein Jahr lang verbrachte ich so meine Freizeit und stellte alle anderen Interessen zurück.
Die Kinder hatten nun ihr größeres Zimmer, ich ein Arbeitszimmer im Erdgeschoss, das Schlafzimmer zum freien Feld raus und wir einen größeren Partykeller. Spiegele ich das mit der Gegenwart, erscheint es überdimensioniert. Die Kinder sind inzwischen ausgezogen, der Keller wird nicht gebraucht, der Dachboden auch nicht. Das nachbarliche Umfeld ist besser, wir sind nicht mit allen befreundet, aber auch hier gibt es solche und solche.

Was sind die Erkenntnisse?
Zunächst: Das richtige Wohnen verändert sich im Laufe des Lebens. Sie können immer wieder neu bauen. Die lebenslange Erfüllung bringt es nicht. Irgendwann streben Sie wieder nach einer Veränderung.
Es gibt keine dauerhafte absolute Wohnzufriedenheit.
Auch nicht, wenn Sie zwischendurch wechseln.
Allerdings gewinnen Sie an Erfahrung und vermeiden Anfangsfehler.
Der Wohnraumbedarf verändert sich im Laufe des Lebens.

RHEOLOOGIA-
TIVAL
ja ruumist
2014

In der Jugend, in den mittleren Jahren und im Alter gibt es unterschiedliche Vorlieben und Abneigungen. Die Ansichten über das Wohnen an sich und wo und wie man es haben möchte, verändern sich ebenso. Tatsächlich könnten wir uns heute erneut einen Wohnraumwechsel überlegen. Hin zum altersgerechten Bungalow. Ebenerdig.

Jedoch scheue ich den Aufwand, der damit verbunden wäre.
Abgesehen davon sind meine Wünsche gewachsen und das Risiko hoch. Sich zu verkleinern, würde ein zusätzliches Problem bedeuten, nämlich sich von einigen Dingen zu trennen. Sich noch einmal mehr als ein Jahr nur mit einem Immobilienwechsel zu beschäftigen, dazu fehlt mir die Motivation. Auch wenn die Alternative nicht lohnenswert erscheint, werde ich wohl das Problem aussitzen, bis es nicht mehr geht. Oder bis der gewünschte altersgerechte, barrierefreie, größenangepasste, finanzierbare Bungalow in gewünschter Lage auf mich zukommt …

Der Umgang mit dem Geld im Alter

Geld ist nicht alles. Aber ohne Geld ist alles nichts.
Diese und ähnliche Sprüche bestimmen einen Großteil der Ansichten über Geld.
Egal, was Sie von diesen oder ähnlichen Lebensweisheiten halten – wahr ist tendenziell, dass Sie in der Jugend eher an Geldmangel leiden, während Sie im Alter ihr Geld nicht mehr in voller Höhe benötigen. Die berufliche und damit einkommensmäßige Entwicklung in unserer Gesellschaft hat den größten Karrieresprung, und damit das höchste Einkommen, leider erst zuletzt, also im Alter, vorgesehen. Diametral dazu verhält sich der Kapitalbedarf. Er ist in jungen Jahren vergleichsweise hoch und sinkt mit zunehmendem Lebensalter. Im Alter lassen nun einmal die Wünsche nach und vieles ist bereits vorhanden und muss nicht mehr angeschafft werden. Selbst wenn also die Rente nicht üppig ausfällt, sie muss Monat für Monat erst einmal ausgegeben werden.

Und doch bleibt Geld ein Streitfaktor, egal ob jung oder alt, arm oder reich.
Es ist ja keineswegs so, dass Geld nur dann zu Problemen führt, wenn man davon zu wenig besitzt. Sich angesichts hoher Vermögenswerte ständig mit rentablen Anlagemodellen und Finanzdispositionen auseinandersetzen zu müssen, ist mindestens ebenso lästig und nervenaufreibend. Wenn die Kinder aus dem Haus, die Immobilie abgezahlt und Auto und Hausrat vorhanden sind, bleibt Geld übrig. Das führt zu Entscheidungsbedarf.

Sind die Kinder bereits finanziell eigenständig, bleibt zum Streiten über Geld nur noch der Lebens(abschnitts)Partner.
Mit dem aber geht das Streiten gut. Vor allem auch über Geld.

Egal, wer von beiden der „Finanzminister“ ist: Problematisch wird es immer bei unterschiedlichen Ansichten über die Mittelverwendung und bei getrennten Kassen. Solange jeder von seinem Geld leben kann und es keine Zahlungsströme in die eine oder andere Richtung oder Verrechnungen gibt, mag das auch bei Differenzen gehen. Aber so ist es ja nicht. Lebenspartner teilen nicht nur ihre Zeit miteinander, auch ihr Geld.

Da wäre zunächst die Haushaltskasse. Fairerweise zahlen beide ein, aber zu welchen Anteilen? Jahrzehntelang habe ich mir darüber Gedanken gemacht. Das war unklug und hat nichts genützt. Schließlich habe ich viel mehr Zahlungen außerhalb der Haushaltskasse geleistet, als in diese hinein. Falsche Prioritätensetzung.
Erzielt nur einer der Partner Einkommen oder sagen wir mal überwiegend, ist es zwar verhältnismäßig einfach. Er zahlt schlicht immer. Jedoch wird er als Einzahler Erwartungen haben, die nicht enttäuscht werden wollen.
Verfügen dagegen beide Lebenspartner über ein Einkommen, steigt zwangsläufig der Diskussionsbedarf, aus welchem Budget die Zahlungen erfolgen sollen. Wegen ihrer beiderseitigen Berufstätigkeit werden sie öfter auswärts essen gehen … vorausgesetzt sie einigen sich, wer zahlt.

Das Haushaltsgeld ist nicht nur in der Frage seiner Höhe und Angemessenheit ein potenzieller Streitfaktor. Auch die Frage, was alles dazugehört und was nicht, hat kaum jemand zuvor schriftlich und im Einvernehmen fixiert. Geht ein Partner mit dem Haushaltsgeld einkaufen und bittet ihn der andere, Autopolitur, Büroklammern und Wein mitzubringen, kann die Antwort in allen drei Fällen schon mal „Nein“ lauten. Alle drei Artikel sind nicht aus der Haushaltskasse zu bestreiten. Auch dann nicht, wenn es doch nur Kleinigkeiten sind. Da geht’s schon los.

Ein Tipp für den so abgewiesenen Lebenspartner: Beim nächsten Restaurantbesuch sagen Sie auf die entsprechende Frage des Kellners zur Rechnung: „Bitte getrennt!“
Rechnen Sie dann aber unbedingt damit, dass eine Aussprache zwischen Ihnen und Ihrer Partnerin fällig ist. Diese sollten Sie mit Rücksicht auf die anderen Gäste aber nicht schon im Restaurant beginnen.

Aber auch im Umgang mit Geld und dem Rest der Familie gibt es vor allem im Alter einige Stolpersteine. Zunächst, weil die Familie durch angeheiratete Verwandtschaft, Kinder und Enkelkinder auf mindestens eine halbe Fußballmannschaft angewachsen ist. Jede Ihrer Finanztransaktionen zugunsten eines Familienmitglieds wird daher von den anderen aufmerksam registriert und an den jeweils eigenen Gerechtigkeitsmaßstäben gemessen.
Der kleinste Unterschied bei finanziellen Zuwendungen bedarf einer umfangreichen Rechtfertigung, die nicht immer verstanden wird. Wenn Sie Ihre Tochter seit 19 Semestern Sozialpädagogik unterstützen, wirft der Sohn schon einmal die Frage auf, warum der Porsche, den Sie bezahlen sollen, nicht neu sein darf.
Problematisch ist es auch, wenn fast alle Familienmitglieder im gleichen Monat Geburtstag haben und – wie inzwischen weit verbreitet – Geldgeschenke die Regel bei Geburtstagen sind. Hier bietet sich ein Fastenmonat an.

Zu allem Überfluss nimmt die Knausrigkeit im Alter auch noch zu. Es scheint immer noch zu gelten, man habe früher nichts gehabt und für alles viel härter arbeiten müssen. Nur deshalb drehe man auch noch heute jede Münze um, bevor sie ausgegeben wird. Viele der Senioren rechnen darüber hinaus weiterhin alle Preise zunächst von Euro in D-Mark um. Anschließend beklagen sie die enorme Teuerung seit der Umstellung auf den Euro im Jahr 2002. Überhaupt ist an allen Preissteigerungen die Regierung oder die Euro-Umstellung schuld. Volkswirtschaftslehre auf einen einfachen Nenner gebracht. Natürlich stimmt das nicht, aber es entspricht dem Naturell des Menschen, sich für komplexe Vorgänge einfache Erklärungen zu suchen, verbunden mit einem besonderen Interesse an der Klärung von Schuldfragen.

Es beruhigt enorm, zu wissen, an der eigenen prekären Finanzlage ist doch nur die Regierung schuld.
Dafür werden alltägliche Beispiele bemüht.

Wie dramatisch die Lage sich entwickelt hat, zeigt allein der Brötchenpreis. In meiner Jugend kostete das Brötchen 10 Pfennig, was heute umgerechnet etwa 5 Euro-Cent wären. Aber die Brötchen kosten heute inzwischen beinahe 40 Euro-Cent. Und dies obwohl viele Brötchen vorgefertigte Industrieprodukte sind, also qualitativ schlechter als vom Bäcker, der noch das Handwerk ausübt.
Zum Glück müssen wir derzeit nicht auch noch die Wirtschaft ankurbeln. Sie ist ja coronabedingt stillgelegt, sagt meine stets kluge Nachbarin.

Wie kann ich als älterer Mensch all dem entgehen und gesundheitsschädigenden Stress vermeiden? Ganz einfach: Ich gebe mein eigenes Konto auf und meine Einkünfte komplett an meinen Lebenspartner ab, lasse mir ein wöchentliches Taschengeld bis zum Lebensende zuteilen, dessen Höhe notariell bestätigen, und halte mich anschließend aus allen Finanzfragen raus.

Selbstverständlich bestimme ich nicht selbst die Höhe des Taschengeldes. Dann hätten wir ja wieder Streit.

Der Versicherungsdschungel im Alter

Erst kürzlich sprach mich meine für mich zuständige Versicherungsfachfrau mal wieder an. Es betraf meine Krankenversicherung. Neben der Krankenversicherung habe ich einige weitere Versicherungen bei dieser Gesellschaft.
Dazu muss man wissen, ich bin privat versichert, gehöre also zu dem mit neidvollen Augen beäugten Kreis Privilegierter, die bei der Terminvergabe durch Fachärzte hier und da bevorzugt werden. So wird es jedenfalls behauptet. Privat versichert zu sein war keine eigene Entscheidung von mir. Mein früheres Beamtenverhältnis brachte mich kraft Amtes in die Privatversicherung. Beamte sind nun einmal privat versichert.

Aber zurück zu meiner Versicherungsfachfrau.
Man habe jetzt die Krankenversicherung und Pflegeversicherung neuen gesetzlichen Bestimmungen angepasst, führte sie aus … und aus Gründen der Fürsorge müsse sie auf Deckungslücken hinweisen, die möglichst geschlossen werden sollten. Über die in diesem Zusammenhang eingeführten neuen „Unisex-Tarife" habe ich im Kapitel „Ich habe plötzlich alle Krankheiten" in diesem Buch bereits berichtet.
Zum Glück muss man über seine Krankenversicherung mit niemandem sprechen. Ist ja Privatsache. Dass ich auf Unisex-Tarife umstelle, müsste ich im Gespräch mit anderen sonst besser erklären, um etwaige Missverständnisse auszuschließen. Was vordergründig anzüglich klingt, beseitigt im Kern gewisse Unterschiede und Ungerechtigkeiten in den Versicherungsbedingungen zwischen Mann und Frau. So weit – so gut.
Dass sie mich ansprach, war aber bestimmt kein Zufall. Mein runder Geburtstag und die kürzlich fällige Auszahlung der ergänzenden privaten Rentenversicherung rief sie wohl auf den Plan. Vermutlich bin ich kraft vollendeten Alters in die Senio-

renabteilung aufgenommen worden und da schaut man gern noch einmal hin, ob der Versicherungsschutz altersgerecht ist.

Ich hatte keine Zweifel darüber, es hier nicht nur mit Fürsorge zu tun zu haben. Versicherungen sind Wirtschaftsunternehmen und arbeiten gewinnorientiert. Bereits ein kleiner Anlass ruft sie auf den Plan. Wenn Sie glauben, Sie seien gut versichert, so gilt das nur, bis Ihnen ein vermeintlich besseres Versicherungspaket vorgelegt wird. Noch schwieriger ist es, „optimal" versichert sein zu wollen. Das schminken Sie sich besser gleich ab. Es sei denn, Versicherungen sind Ihr Hobby und Sie wollen sich täglich längere Zeit damit auseinandersetzen. Für mich sind sie ein notwendiger Bestandteil des Lebens, dessen Prinzip einer Solidargemeinschaft ich glaube verstanden zu haben. Die Beschäftigung mit Versicherungsbedingungen, allgemeinen Richtlinien und deren fast wöchentliche Aktualisierung langweilt mich. Vieles davon lese ich nicht. Die beste Versicherung für mich ist eine, mit der ich nur ein Mal im Jahr zu tun habe – bei der Beitragszahlung. Das ist kritikwürdig, keine Frage. Entgeht mir doch dabei die Erkenntnis, ob die Versicherung überhaupt noch sinnvoll ist. So denken eben auch nicht alle.
Besonders diejenigen, die Versicherungen gleich mit dem Finanzamt in einen Sack packen und der Meinung sind, man müsse sich von ihnen ab und zu etwas zurückholen, vertreten eine andere Meinung. Das Finanzamt „mal zu betrügen" wird gesellschaftlich überwiegend toleriert. Ein Stück weit trifft das auch Versicherungen. Sie haben ein nicht so ganz schlechtes Image wie die Finanzämter, weil sie im Gegensatz zu ihnen auch mal Zahlungen leisten und nicht nur Beiträge kassieren. Gleichwohl gilt es in den Augen vieler als gerecht, die Versicherung auch mal „abzukassieren". Wofür hat man sie schließlich …?

Versicherungen von Zeit zu Zeit zu überprüfen macht Sinn. Dabei stellt sich eine Vielzahl von Fragen: Passen die Versicherungen noch zur Lebenswirklichkeit? Hat sich Grundlegendes verändert? Gibt es neue Risiken? Sind Risiken weggefallen? Gibt es allgemeine Erkenntnisse zur Sinnhaftigkeit einzelner Versicherungen? Wie ist die Marktlage? Erscheint es sinnvoll, die Versicherungsgesellschaft zu wechseln?

Wie sind wir eigentlich versichert?
In der Einkommens- und Verbrauchsstichprobe 2018 des Statistischen Bundesamts liegen die Daten zur Verbreitung der ver-

schiedenen Versicherungsarten vor. Danach kann zunächst einmal beruhigend festgestellt werden, dass eine tendenzielle Überversicherung nicht besteht. Allenfalls eine gefühlte, und die ist individuell unterschiedlich. Fehlender Versicherungsschutz in einzelnen, teilweise wichtigen Bereichen, ist viel häufiger anzutreffen. Grundsätzlich ist das eine bewusste Abwägungsentscheidung der Deutschen. Man kann sich nicht gegen alles und jeden versichern – ist so eine Floskel. Das unterschreibe ich sofort. Die Deutschen nehmen also auch schon mal ein Risiko in Kauf und versichern es nicht.

Die Versicherung mit dem höchsten Verbreitungsgrad ist die private Haftpflichtversicherung. Hier sind 83 % aller Haushalte versichert. Ich hätte da eher auf Krankenversicherung getippt. Oder die Kfz-Haftpflichtversicherung. Nur so ein Gefühl.
Immerhin sind diese beiden Versicherungen Pflicht in Deutschland. Weitere Versicherungen muss man normalerweise nicht abschließen. Doch der Verzicht auf bestimmte Policen kann im Ernstfall teuer werden.

Allgemein empfehlenswerte Versicherungen
Der Bund der Versicherten ist die Instanz für uns Verbraucher. Sie geben Empfehlungen für den Abschluss einzelner Versicherungen. Gut für alle, denen der Überblick fehlt.
So gilt es im Alter mehr denn je, existenzbedrohende Risiken zu versichern.
Als unverzichtbar gelten eine **Privathaftpflichtversicherung** und die **Wohngebäudeversicherung** für Immobilienbesitzer. Über die **Krankenversicherung** braucht wohl kein weiteres Wort verloren zu werden. Sie ist ebenfalls elementar.
Für Rentner könnte sich noch eine Krankenzusatzversicherung lohnen. Wer zum Beispiel viel reist, sollte über den Abschluss einer **Auslandsreisekrankenversicherung** als ergänzenden

Schutz nachdenken. Sie zahlt bei Reisen ins Ausland „die von der gesetzlichen Krankenkasse nicht gedeckten Kosten“, so der Bund der Versicherten. Möglicherweise kann die Empfehlung inzwischen nur noch etwas abgeschwächt ausgesprochen werden, da durch die Corona-Pandemie die Auslandsreisen deutlich zurückgegangen sind.
Selbstverständlich steht es jedem frei, zusätzliche Leistungen im Krankenhaus über eine **Krankenhauszusatzversicherung** abzudecken.
Sinnvollerweise sollte auch der **Hausrat** abgesichert werden. Aber das war es dann schon.

Unnötige Versicherungen für Senioren
Während die empfehlenswerten Versicherungen für alle gelten, gibt es besonders für Senioren, Rentner, Ruheständler, Menschen im besten Alter, Menschen in der zweiten Lebenshälfte … oder wie Sie sich einsortieren wollen, einiges an unnötigen Versicherungen. Manche davon sind auch für die jüngere Generation nicht notwendig.

In der Vergangenheit wurde immer mal wieder von Fällen berichtet, bei denen einer 80-jährigen alleinstehenden Rentnerin eine **Kapitallebensversicherung** mit einer höchst profitablen Ablaufleistung nach 35 Jahren angeboten wurde und es auch zu einigen ähnlichen Abschlüssen gekommen war. Inzwischen ist die Kapitallebensversicherung durch den jahrelangen Nullzins vollständig vom Markt verschwunden
Weitere Ausführungen dazu erübrigen sich daher. Wenn schon eine Lebensversicherung – dann eine Risikolebensversicherung. So lautete schon früher die Formel. Die **Risikolebensversicherung** kann sich rechnen, wenn finanzielle Lücken im Todesfall für Hinterbliebene abzusichern sind. Nehmen wir den noch nicht vollständig getilgten Immobilienkredit an. Gleich-

wohl ist eine Lebensversicherung im fortgeschrittenen Lebensalter keine Alternative mit Priorität. Im Normalfall zählt die Risikolebensversicherung eher zu den nicht notwendigen Versicherungen im Alter.

Auch die **Berufs- oder Erwerbsunfähigkeitsversicherung** ist eher etwas für Menschen in jungen Jahren, die ihre Arbeitskraft im Erwerbsleben absichern müssen. Für Senioren gilt auch hier: Finger weg!

Als Klassiker unter den unnötigen Versicherungen für Rentner gilt die **Sterbegeldversicherung**. Hier geht es um die Kosten der Beerdigung des Versicherten. An sich eine vernünftige Sache. Immerhin werden die Angehörigen von den mitunter immensen Beerdigungskosten entlastet. Und der Versicherte schläft besser, weiß er doch, dass für sein Ableben „alles geregelt" ist. Der Knackpunkt ist hier, dass sich eine solche Versicherung als unwirtschaftlich erwiesen hat. Die Prämieneinzahlungen überstiegen in der Vergangenheit in Einzelfällen die Leistungen der Versicherung. Der eigentliche Zweck – eine finanzielle Entlastung – ist daher fraglich und rechnet sich nicht zwangsläufig. Stattdessen wäre es sinnvoller, einen monatlichen Betrag auf einem Fest- oder Tagesgeldkonto anzulegen.

Viel Sorge bereiten den Senioren die nachlassenden Sehkräfte und im Alter entstehende Probleme mit den Zähnen. Ein Umstand, den sich auch Versicherungen zunutze machen. Grundsätzlich gibt es nichts, was sich nicht versichern lässt. Manchmal ist es aber schon zu spät. Sind die Zähne bereits schlecht, steigt die Prämie der **Zahnzusatzversicherung**. Generell sollten „Körperverschleißteile" daher eher in jungen Jahren abgesichert werden. Bei den **Brillenversicherungen** sieht die Bilanz ähnlich aus. Auf Dauer wären die Beiträge höher als die Leistung für Brillen oder Kontaktlinsen, heißt es bei Verbraucherschützern. Zu den eher unwirtschaftlichen Versicherungen gehört auch die **Reisegepäckversicherung**. Verschwindet Ihr Reisegepäck, was relativ selten ist, müssen Sie darum kämpfen, in den Augen der Versicherung nicht grob fahrlässig gehandelt zu haben. Selbst wenn Sie das hinbekommen, erhalten Sie gemessen am Beitrag nur magere Leistungen. Abgesehen davon könnte eine Zusatzklausel in der Hausratversicherung das Problem auch lösen.

Prüfenswerte Versicherungen für Senioren

Zwischen diesen beiden Polen der einerseits allgemein empfehlenswerten Versicherungen und den unnötigen Versicherungen gibt es speziell für ältere Menschen durchaus sinnvolle Versicherungen. Hier entsteht Entscheidungsbedarf, weil zusätzliche, durchaus realistische Risiken im Alter ergänzend versichert werden könnten.

Dem Rat meiner Versicherungsagentin bin ich gefolgt und habe zunächst meine **Krankenversicherung** überprüft. Tatsächlich gab es darin einiges, was den momentanen Verhältnissen nicht mehr entsprach. Neue Risiken kamen hinzu, andere wie zum Beispiel die Krankentagegeldversicherung fielen weg. Mehr denn je stellt sich bei steigenden Beiträgen als Folge steigender Lebenserwartung die Frage, was Sie für Ihre Gesundheit finanzieren wollen und können. Ein Dauerthema. Sich damit zu beschäftigen, habe ich für mich als wichtig erkannt.

Natürlich bot sie mir alle ihre weiteren Versicherungen an, sofern ich sie nicht bereits schon bei ihrer Gesellschaft abgeschlossen hatte. Die mir dafür von ihr zur Verfügung gestellten Angebotsunterlagen einschließlich aktueller Richtlinien, Eventualitäten und Zusatzhinweisen, Vergleichsberechnungen usw. würden mich locker einige Tage beschäftigen. Ich habe das erst einmal zurückgestellt. Ständiger Versicherungswechsel, nur um ein paar Euro zu sparen, erscheint mir nicht sinnvoll. Entsteht ein Versicherungsfall, habe ich bessere Karten, wenn ich bereits einige Zeit bei einer Gesellschaft versichert und nicht gerade erst eingetreten bin.

Wie steht es um die **Rechtschutzversicherung** für Rentner?
Ich habe vor längerer Zeit eine Berufs-, Verkehrs- und Familienrechtschutzversicherung abgeschlossen. Die einzelnen Lebensbereiche lassen sich auch getrennt voneinander versichern. Aufgrund des Ruhestandes macht eine allgemeine Rechtsschutzversicherung für Arbeitsrecht keinen Sinn mehr. Bei etwaigen Neben- oder Minijobs kann es aber durchaus noch empfehlenswert sein. Auch der Verkehrsrechtschutz ist Ansichtssache. Rentner fahren allgemein weniger Auto. Die täglichen Fahrten zur Arbeit entfallen. Hilfsweise gilt hier das „Budgetprinzip“: Ist das Budget eng, fallen solche Versicherungen unter den Tisch.
Eine **Hausratversicherung** haben die meisten abgeschlossen. Zu den Top 5 für Senioren gehört diese Versicherungssparte definitiv nicht. Und doch haben etliche Haushalte diese Versicherung. Wenn Sie jetzt sagen, ach … die habe ich mal vor 35 Jahren abgeschlossen, befinden Sie sich in bester Gesellschaft. Damals galt es, die Eineinhalb-Zimmer-Wohnung zu versichern. Heute haben wir ein Eigenheim. „Oops, … haben wir eigentlich die Versicherung mal angepasst?“ Solche Überraschungen sind nicht ungewöhnlich. Der Wert des Hausrats verändert sich über die Jahre. Nicht immer nimmt er zu. Manch einer verschenkt viel oder verkleinert sich. Dann nimmt der Hausrat ab. Im überwiegenden Fall nimmt der Hausrat im Laufe des Lebens an Masse und Wert zu. Wir sind halt Jäger und

Sammler. Wer hausratversichert ist, kommt um eine gelegentliche Überprüfung nicht herum.
Je höher die Wiederbeschaffungskosten für gestohlene Gegenstände, umso eher lohnt sich eine solche Versicherung. Wer dagegen keinen wertvollen Hausrat besitzt und einen möglichen Schaden in seiner Wohnung finanziell ohne Weiteres stemmen kann, braucht keine Hausratversicherung.
Zu den sinnvollen Versicherungen im Alter gehört auch die **Pflegezusatzversicherung**. Längere Lebenszeiten führen rein statistisch zu häufiger auftretenden Pflegefällen. Besonders dann, wenn eine gesetzliche Pflegestufe noch nicht greift, ist diese Versicherung hilfreich. Auch hier gilt: Je früher der Abschluss, desto günstiger der Beitrag. Ein junges Risiko wird wie immer gern versichert.

Unabhängige Versicherungsexperten empfehlen eine **private Unfallversicherung** für Senioren. Sie ist jedoch umstritten. Die Angst davor, sich bei Stürzen ohne Fremdeinwirkung zu verletzen und hilfebedürftig zu werden, ist groß. Das Risiko ist da. Eine Abwägung anhand der teilweise sehr unterschiedlichen Angebote der Versicherungen muss jeder für sich vornehmen.

Fazit

Auch wenn Sie es hier und da lesen: Die fünf wichtigsten Versicherungen für Senioren seien die private Haftpflichtversicherung, die Krankenversicherung, die Auslandsreisekrankenversicherung, die Pflegezusatzversicherung und die private Unfallversicherung.
Hinterfragen Sie anhand Ihrer persönlichen Situation, Ihres individuellen Risikos und Ihres vorhandenen Budgets, wie Ihr möglichst existenzsicherndes Versicherungsportfolio aussehen sollte. Wägen Sie Risiken ab und unterscheiden Sie zwischen

existenziellem, wichtigem und ergänzendem Versicherungsschutz. Ich persönlich habe von den fünf angeblich wichtigsten Versicherungen nur die Kranken- und Haftpflichtversicherung. Klar, dafür gibt es ein paar andere, sogenannte ergänzende Versicherungen in meinem Bestand.

Bin ich deswegen falsch oder unterversichert? Nicht zwangsläufig. Meine Risiken habe ich schließlich überprüft und abgewogen. Und bei den anderen Empfehlungen finde ich mich durchaus wieder. Aus dem ursprünglichen Versicherungsdschungel ist ein überschaubarer Bereich geworden, nachdem ich den Wildwuchs der Angebote um die eher unnötigen Versicherungen beschnitten hatte. Seitdem gehe ich abends ins Bett und bin mir sicher, gut schlafen zu können. Oder sollte mal nicht so gut schlafen, liegt es jedenfalls nicht an meinen Versicherungen.

Zeitvertreib

Die Kur entdecken

Eine Kur gehört zu denjenigen Dingen, über die die meisten Irrtümer herrschen. Es fängt damit an, dass manche denken, eine Kur sei nur für die arbeitende Bevölkerung gedacht. Dieser Irrtum hält sich hartnäckig. Vielmehr geht es darum, die Gesundheit der Menschen zu fördern, ihnen eine Auszeit zu ermöglichen, sportliche Anregungen sowie Hinweise für die gesunde Ernährung zu vermitteln. Unabhängig von einer Erwerbstätigkeit. Die wiederum kann für Erkrankungen aller Art ursächlich sein. Daher zählen zu den Patienten der Kureinrichtungen tendenziell nicht die ganz jungen unter uns. Wer eine Kur durchführt, hat eine Vorgeschichte, die ihn dahin brachte.

Natürlich dient eine Kur auch dem Profit der zahlreichen Kureinrichtungen, der daran hängenden Tourismusförderung und schafft somit Arbeitsplätze. Und das im Sinne der Gesundheit. - Gut, abgesehen davon kostet sie eine Stange Geld für Rundumbetreuung, von der Unterbringung bis zur medizinischen Versorgung, ärztlich vorgesehenen Anwendungen und schließlich dem leiblichen Wohl. Je nach vorhandener Krankenversicherung bleibt ein nicht unwesentlicher Teil dessen beim Patienten als Eigenanteil hängen. Das hat auf manche eine abschreckende Wirkung. Auch das ist einer der häufigen Irrtümer. Eine Wirtschaftlichkeitsberechnung offenbart das sehr schnell. Der Eigenanteil erreicht eigentlich nie die Höhe eines vergleichbaren Urlaubs. Und doch gibt es viele Parallelen.

Ein weiterer Einwand lautet: „Aber ich habe dann einen durchgetakteten Tagesablauf, der mir keine Freizeit lässt.“
Wieder falsch! Die Anwendungen werden besprochen und richten sich nach medizinischen Empfehlungen. Hier der einzige Haken: Wer mit starkem Übergewicht und Bewegungsarmut in

der stationären Aufnahme erscheint, bekommt schon mal Diät und Sport verordnet. Alle anderen – immer vorausgesetzt, sie sind nicht ernsthaft krank - erhalten ein Angebot, das aus Gesundheit, Fitness und viel Entspannung besteht. Die dafür aufzuwendende Zeit beträgt mitunter täglich lediglich 1 bis 2 Stunden. Der Rest des Tages ist der freien Gestaltung überlassen.

Sicherlich ist hier auch eine Beeinflussung der vielleicht im Alltag nicht ganz so gesunden Lebensweise mit im Spiel, also Ernährung, Gewichtskontrolle, Sport, Entspannung. Im Wesentlichen sind das Angebote, die angenommen werden können, aber nicht müssen.

Zur Freizeitgestaltung gibt es möglicherweise auch Angebote vor Ort. Kulturelle Veranstaltungen, Sehenswürdigkeiten, Shoppingmeilen oder ähnliches. Und natürlich regen Austausch mit anderen Mitpatienten. Über die Krankheiten, die man hat oder auch nicht, kommt man untereinander sehr schnell ins Gespräch. Sobald man sich dann etwas besser kennengelernt hat, geht es auch schon mal ins Private. Um das Kennenlernen zu optimieren, werden von der Klinikleitung üblicherweise Tische nach Altersgruppen zusammengewürfelt. Zu den drei bis vier Mahlzeiten am Tag findet man sich dort ein und hat immer die gleichen Tischnachbarn.

Für das Kennenlernen ist das ein Anfang, denn natürlich macht man sich sofort bekannt und spätestens beim dritten Zusammentreffen am Tisch ergibt sich eine lockere Unterhaltung. Alles noch am ersten Tag. Von dieser Zusammensetzung hängt so einiges ab. Ein Problem ist es, wenn Sie – wie die meisten Leute – wesentlich jünger aussehen und sich fühlen, als es Ihr Personalausweis dokumentiert. So kann es vorkommen, dass Sie sich fragen, warum sie ausgerechnet an einem reinen „Rentnertisch“ gelandet sind … Nun ja …, tatsächlich sieht

doch nicht jeder jünger aus, als er ist. Sie haben dann zwei Möglichkeiten: Entweder Augen zu und durch. Sie bleiben die ganzen drei oder vier Wochen an diesem Tisch sitzen, hasten ihr Essen herunter und treffen sich dann mit den nach ca. einer Woche liebgewonnenen anderen Patienten, die besser zu Ihnen passen. Unterm Strich macht das nicht besonders viel Spaß. Essen ist Geselligkeit und man sitzt dort nicht nur zur Nahrungsaufnahme, sondern plaudert anschließend eine Weile. An manchen Tischen geht es regelrecht lustig zu, wenn die Mischung stimmt.
Und hier die zweite Möglichkeit: Sie fassen allen Mut zusammen und bitten um Versetzung an einen anderen Tisch, wenn sich dort ein freier Platz ergibt. Das können Sie Ihren Tischnachbarn erklären oder auch nicht. Egal, was Sie tun: Für den Rest des Aufenthalts werden Sie von Ihren ehemaligen Tischnachbarn merkwürdig betrachtet und höchstwahrscheinlich geschnitten. Da Sie nicht ohne Grund gewechselt haben, kann Ihnen das aber egal sein. Schließlich wollen Sie sich den angenehmsten Aufenthalt verschaffen und nicht nur bei den Langweilern deplatziert sitzen.

Kontakte sind wichtig, um die reichlich vorhandene Freizeit nicht in Einöde auf dem Zimmer zu verbringen. Erfahrungsgemäß bewegen sich spätestens am Abend etliche Kleingruppen in Richtung City. Es gilt, die „richtige“ Gruppe zu finden. Zwischen harmlosem Abendspaziergang mit gepflegter Konversation und einer lebhaften Gruppe, die „einen draufmachen“ möchte, ist alles dabei. Treffen Sie Ihre Wahl und schließen Sie sich an. Da man sich nicht kennt und deshalb niemand auf Sie wartet, ist eigene Initiative von Vorteil.

Wann bekomme ich eine Kur?

Eigeninitiative ist auch gefragt, um überhaupt eine Kur zu bekommen. Schließlich ist das wirtschaftliche Ziel neben dem gesundheitsfördernden, dass Ihre Krankenkasse der Kostenträger wird. Dazu brauchen Sie eine medizinische Indikation. Wenn bei Ihnen ein Gesundheitsrisiko vorliegt, das in absehbarer Zeit zu einer Erkrankung führen wird, kann eine ambulante oder stationäre Vorsorgekur sinnvoll sein.
Sie soll Ihre geschwächte Gesundheit verbessern und Ihre Fähigkeiten zur Selbsthilfe und Eigenverantwortung stärken.
Eine ambulante oder stationäre Reha ist dagegen bei einer bereits bestehenden chronischen Erkrankung angezeigt.
Sie sind körperlich, geistig oder seelisch beeinträchtigt. Es zeichnet sich ab, dass Sie voraussichtlich dauerhaft im Alltag eingeschränkt werden. Die Rehabilitation soll verhindern, dass sich Ihre Beschwerden verschlimmern oder Sie pflegebedürftig werden.

Stationär oder ambulant?
Der Vorteil einer stationären Unterbringung ist regelmäßig derjenige, dass Sie von zu Hause weg sind. So müssen Sie nicht währenddessen arbeiten oder sich um andere alltägliche Sorgen kümmern und erhalten eher eine ganzheitliche Gesundheitsförderung, die auch Luftveränderung, Entspannung, Lebenshilfe und ähnliches umfasst.

Das Antragsverfahren
Im Regelfall wird Ihr Hausarzt eine Kur verordnen. Sprechen Sie ihn darauf an. Schildern Sie ihm, warum Sie glauben, dass Ihnen eine Kur weiterhelfen würde. Er kennt Ihre Krankheitsgeschichte am besten und ist daher der erste Ansprechpartner.
Haben Sie alle notwendigen Therapien ausgeschöpft, so sind Sie in jedem Fall kurfähig. Viele der heutigen Zivilisationskrankheiten, zu denen auch verstärkt das Burnout-Syndrom

und andere Erschöpfungskrankheiten gehören, können in einer Kur gezielt behandelt werden. Natürlich wird Ihr Hausarzt Ziele und Behandlungsschwerpunkte diagnostizieren. Sofern Ihnen eine bestimmte Einrichtung bereits vorschwebt, lassen Sie es ihn wissen. Andernfalls wird Ihnen der Hausarzt geeignete Einrichtungen empfehlen.
Im Ergebnis bescheinigt Ihnen Ihr Arzt die Notwendigkeit der Kur und füllt gemeinsam mit Ihnen den Antrag aus.
Der Antrag ist für den Kostenträger bestimmt. Das kann der Kranken- oder Rentenversicherungsträger sein oder auch eine Beihilfestelle bei Privatversicherten. Ein von Ihnen beauftragter Amtsarzt oder medizinischer Dienst prüft und genehmigt abschließend den Kurantrag.
Sollte die Genehmigung verweigert werden, können Sie dagegen Widerspruch erheben und den Widerspruch durch eine ergänzende Bescheinigung Ihres Haus- oder Vertrauensarztes untermauern.
Natürlich besteht auch die Möglichkeit, auf eigene Kosten zur Kur zu fahren, etwa wenn das Antragsverfahren eine Ablehnung ergeben hat. Angst vor der Antragstellung ist in jedem Fall unbegründet. Auch der Aufwand des Antragsverfahrens sollte nicht gescheut werden. So kompliziert und aufwändig ist das Ganze schließlich nicht.
Falls Ihnen keine Krankheiten einfallen, die eine Kur rechtfertigen könnten, so empfehle ich Ihnen mein Kapitel „Ich habe plötzlich alle Krankheiten“ in diesem Buch als Anregung. Oder vielleicht gehen Sie einfach mal zum Arzt. Besonders, wenn Sie vielleicht länger nicht dort waren. Eine gründliche Untersuchung fördert manches zutage. Sind Sie so wie ich auch in der zweiten Lebenshälfte angekommen, haben Sie definitiv Krankheits- oder Verschleißsymptome, die eine Kur rechtfertigen.

Einige ausgewählte Anwendungen

Der wesentliche Inhalt einer Kur ist das Anwendungsprogramm. Was davon ist gut für mich und wofür sollte ich mich interessieren?
Wie gehe ich generell um mit den Anwendungen?

Jede Klinik hat ihr Anwendungsprogramm. Manche Dinge, wie etwa eine Kältekammer gegen Rheumaerkrankungen, sind sehr speziell und werden nur von einigen wenigen Einrichtungen angeboten. Andere Kureinrichtungen nutzen ihre Lage und Umgebung für bestimmte Anwendungen. So bekommen Sie nicht überall „Freies Atmen am Strand“ angeboten, weil dafür nun einmal der Strand Grundvoraussetzung ist. Diese Anwendung wird zum Beispiel an Küstenorten praktiziert. Sie dient auch der allgemeinen Erheiterung, weil Sie beim Atmen lustige Bewegungen machen sollen. Wenn Sie sich dabei fragen, ob das bei Ihnen genau so komisch aussieht, wie bei den anderen, so lautet die Antwort: Ja, mindestens …!
Je eher Sie sich überlegen, was Ihrer Gesundung oder Ihrem Wohlbefinden dienen kann, umso gezielter können Sie bei der Wahl des Kurortes eine Richtung vorgeben.

Orthopädische Erkrankungen sind in fortgeschrittenem Alter häufig anzutreffen und werden auch nahezu überall angeboten. Zu den psychischen Behandlungsmethoden gehört u. a. auch Meditation. Ich erinnere mich, dass diese Anwendung immer direkt nach dem Mittagessen und im Liegen stattfand. Die Stimme der Therapeutin wirkte beruhigend. Zu beruhigend. Behandlungsschwerpunkt war für mich bei dieser Anwendung der Kampf gegen das Einschlafen. Diesen Kampf habe ich einige Male verloren, was der Therapeutin auch nicht entgangen ist. Um dieser Peinlichkeit nicht weiter ausgesetzt zu sein, schwänzte ich einige Termine, holte mir aber zuvor die Genehmigung des Arztes, dem ich glaubhaft versicherte, dass mein Leben auch ohne diese Anwendung einen Sinn hat.

Die Regeln der Klinik

Gemeinsame Nahrungsaufnahme in der Kleingruppe am Tisch gehört zu den Ritualen einer Kurklinik. Smalltalk bei den Mahlzeiten fördert die Kontaktbildung. Überhaupt ist die Qualität des Essens sehr gut. Früher musste ich beruflich in zahlreichen Hotels absteigen. Zur Qualität eines Frühstücksbuffets habe ich seitdem eine auf langjähriger Erfahrung beruhende Meinung. Die Kureinrichtungen können da mithalten. Das Mittagessen erlaubt in der Regel sogar die Auswahl aus mehreren Gerichten. Sofern Sie eine bestimmte Diät einhalten müssen, wird auch das berücksichtigt. Hier bleiben kaum Wünsche offen.

Eine Kurklinik ist eine geschlossene Einrichtung. Selbstverständlich darf in den Freizeiten das Gelände verlassen werden. Die Behandlungstermine sind aber einzuhalten. Es gibt eine allgemeine Schließzeit. Soweit ich mich erinnere, war das 22 Uhr. Ausnahmen gibt es zwar keine, jedoch bei gutem Kontakt zur diensthabenden Bereitschaft in der Nacht durfte es auch schon mal Mitternacht werden.
Bei weniger gutem Kontakt hilft ein kleiner mechanischer Trick am Notausgang, um zu jeder Tages- und Nachtzeit Zugang zu bekommen.

Eine auswärtige Übernachtung ist mit Genehmigung der Klinik ebenfalls möglich. Sofern also Bekanntschaften in der näheren Umgebung winken …

Selbstverständlich ist Alkohol auf dem Klinikgrundstück verboten. Auch sollte er während des Aufenthalts insgesamt gemieden werden.

Genauso selbstverständlich hält sich nicht jeder daran. Der Reiz des Verbotenen weckt bei Patienten der Kureinrichtungen bisweilen kindliche Reflexe, die längst überwunden zu sein schienen. Wer abends mal weggeht, verhält sich nicht wesentlich anders als sonst. Über die „Heldentaten" der vergangenen Nacht kann tags darauf am Frühstückstisch ausführlich berichtet werden.

Ein Thema im Zusammenhang mit Kuren gibt es noch. Sie warten sicherlich längst darauf: Der „Kurschatten".
Wird meines Erachtens überbewertet und kommt eigentlich nur in TV-Serien vor. Natürlich entwickeln Sie Sympathien und Antipathien gegenüber den Menschen, die Ihnen dort begegnen. Das ist nicht anders als anderswo. Die allermeisten von Ihnen betrachten die Kur jedoch nicht als Dating-Plattform. Wer diese Absichten dort zur Schau trägt, wirkt mitunter eher abstoßend und erreicht sein Ziel nicht.

Warum ist eine Kur besonders für Senioren empfehlenswert? Es gibt zahlreiche Gründe. Einerseits haben wir erst im fortgeschrittenen Alter die Erkrankungen, die durch einen Kuraufenthalt erfolgversprechend gelindert werden können. Weiterhin lockert es den Alltag auf, wenn eine Luftveränderung vorgenommen wird.
Schließlich bekommen die im Alter weniger gewordenen Sozialkontakte einen Impuls und wirken gegen die Vereinsamung. Neue Kontakte entstehen und bleiben möglicherweise auch nach der Kur erhalten. Und wie wundersam ist es, wenn auch noch Erkrankungen dadurch weniger werden. Manchmal geschieht dies, ohne dass eine medizinische Erklärung dafür gefunden wird. Ein Arzt sagte mir dazu mal: „Sie können eine Krankheit auch psychologisch besiegen."
Das war der Zeitpunkt, an dem ich beschloss, alle vier Jahre

eine Kur zu machen.

Familienmenschen

Familienmenschen sind glücklicher. Ich fand diese Aussage in einem Rechercheartikel zu diesem Kapitel. Die Aussage stützt sich auf eine Allensbach-Umfrage, ist schon einige Jahre alt, aber wohl noch zutreffend. Und: Kinder machen froh – so lange sie noch Babys sind. Danach also nicht mehr. Deckt sich mit dem Sprichwort: „Kleine Kinder – kleine Sorgen, große Kinder, große Sorgen. Diese Verallgemeinerungen kann man glauben oder auch nicht. Tatsächlich wird uns Älteren früher oder später klar, welche Bedeutung die Familie hatte oder hätte haben können. Stattdessen haben wir uns möglicherweise viel über manches geärgert. Zu viel. Und wir haben vielleicht die Zeit nicht so genutzt, wie wir das hätten tun sollen. Auch so eine Erkenntnis von Allgemeingültigkeit. Ich unterschreibe heute vieles davon und sehe meine Defizite, jedoch nicht ohne die der anderen.

Als Jugendlicher war ich definitiv kein Familienmensch. Eher so ziemlich das Gegenteil. Alles was mit engem Familienkontakt verbunden war, versuchte ich möglichst zu vermeiden. Eltern galten unter uns Jugendlichen schon mal als peinlich. So sehen das auch heute noch viele Jugendliche.
Die Familie war mir zeitweise ein lästiges Anhängsel, wenn es um meine Interessen ging. Einiges davon verstanden sie eben nicht. So konnte ich sie auch nur bedingt in mein Leben einbeziehen.

In späteren Jahren bereut man seine Verweigerungshaltung der frühen Jugendjahre. Inzwischen sind die Rollen getauscht. Ich bin alt und das „Familienoberhaupt“. Der nachgewachsene Unterbau aus Kindern und Enkelkindern schaut nun vermutlich genau so kritisch auf mich, wie ich damals auf meine Eltern geschaut habe. Meine Großeltern lernte ich nicht mehr bewusst kennen. Eine Folge der Kriegsereignisse und der Tatsache geschuldet, dass meine Eltern sich erst sehr spät für Kinder entschieden hatten, sodass zu meiner Geburt bis auf einen hochbetagten Opa keiner von den Großeltern mehr am Leben war.

War es mit den Eltern schon phasenweise schwierig - noch peinlicher waren mir Zusammenkünfte mit der Verwandtschaft. Waren sie doch regelmäßig eine Leistungsschau darüber, was der Junge (ich) denn schon alles Tolles vollbracht hatte und wie er im Vergleich zu Cousins und Cousinen etc. abschnitt. Ich empfand das als hochgradig peinlich. Hier prallten Generationen aufeinander, die nicht leicht zueinanderfinden konnten. Auf der einen Seite die Kriegsgeneration, Trümmerfrauen und -männer der Wirtschaftswunderzeit mit der damals volkstümlichen Verbundenheit der 50erJahre in Deutschland. Auf der anderen Seite die Kinder der 60er-Jahre, die Babyboomer, antiautoritär geprägt, von der anglo-amerikanischen Kultur beeinflusst. Zwei sehr verschiedene Welten.

Heute bereue ich manchmal, nicht zugänglicher gewesen zu sein. Weil ich es mir von meinen Nachkommen natürlich auch wünsche. Haben auch sie nicht eine andere Prägung als ich? Kann ich als der „alte Daddy" ihre Welt von heute wirklich verstehen? Auch da bleiben Zweifel bei mir. Eine Welt der fortschreitenden Digitalisierung, in der sich das Leben um Instagram, Netflix, und Spotify rankt. Natürlich bin ich da auch vertreten, versuche, Schritt zu halten. Das unterscheidet mich von meinen Eltern, die meine Kultur nicht verstehen wollten. Trotzdem bin ich keiner von ihnen. Kann ich gar nicht sein. Ich sehe nicht mehr jede technische Neuerung als Wunderwerk an und bejubele sie. Grenzen und Risiken finden Eingang in meine Abwägung über den Nutzen neuer Technik und fortschreitender Digitalisierung. Das Wirtschaftswachstum konkurriert mit dem Umweltschutz. Unter dem Strich habe ich daher ein vorsichtig kritisches Verhältnis zu technischen Neuerungen. Vielleicht auch, weil die Lernkurve im Alter steiler wird und ich nicht mehr so viel umdenken möchte.

Jede Generation hat ihre Protagonisten und spricht ihre eigene Sprache. Sobald ich altklug daher rede, habe ich verloren. Und die Coolness von meinen Kindern – die habe ich im Alter nicht mehr. Auch wenn ich weiß, wovon sie reden, macht mich das nicht automatisch zu einem vertrauenswürdigen Mitläufer. Es ist der Generationsunterschied. Genau genommen kann ich auch nicht alle Interessen haben, die sie haben. Ebenso wenig, wie sie meine Interessen haben können. Jeder lebt in seiner Generation und damit in seiner Welt, mit seinen Werten, mit seiner Sprache und seinen Mitmenschen und geprägt von seiner Erziehung. Ich verstehe heute vieles von ihnen besser, was ich damals bei mir nicht verstanden habe. Das hilft zumindest mir.

Die Bedeutung der Familie steigt im Alter. Karrieredrang und die Sucht nach individueller Verwirklichung machen Platz. Der Generationenvertrag rückt ins Bewusstsein. Ich habe meine Arbeitsleistung zum größten Teil erbracht, nun sind die Jüngeren dran. Meine Rolle ist eine andere geworden. Daran tun sich viele in meiner Generation schwer. Sie finden ihre Rolle nicht oder akzeptieren sie nicht. Natürlich können wir noch arbeiten. Wir sollten es sogar, im Rahmen unserer Möglichkeiten und gewissen Einschränkungen. Aktivität ist erwünscht. Aber dazu kommt der Anteil „Lebensgenuss“, den wir für uns suchen und – nicht zuletzt – die stärkere Bezogenheit auf die Familie. Der Generationenvertrag hat mich damals für meine Familie arbeiten lassen. Heute arbeitet sie für mich, wenn auch auf andere Weise.

Seit knapp drei Jahren habe ich ein Enkelkind – auch ein Mädchen. Der Haushalt meiner Frau bestand aus Mädchen, wir bekamen zwei Töchter und das Enkelkind ist auch weiblich. Da wird man geschlechtsspezifisch betrachtet irgendwann sehr einsam. Aber die „Rettung“ folgte auf dem Fuße. Der Enkel ist da.

Zwischen Kindern und Enkelkindern unterscheidet Mann für gewöhnlich sehr deutlich. Hat er doch die Kinder überwiegend wegen der Berufstätigkeit nicht in erster Linie erziehen und aufwachsen sehen können. Nun bekommt das beim Enkelkind eine andere Intensität. Ich erlebe es bewusster und mir werden auch Defizite in der Erziehung deutlicher als früher. Was ich falsch gemacht habe, versuche ich als Großvater durch Großzügigkeit auszugleichen. Das ist möglicherweise nicht immer die richtige Entscheidung, wohl aber zutiefst menschlich. Das Enkelkind bekommt bei den Großeltern dadurch mehr Freiheiten. Eine Absprache mit den Eltern des Kindes ist aber unbedingt notwendig. Kinder merken schnell, wenn sich Erziehungsberechtigte oder deren Hilfspersonen über Zugeständnisse oder Verbote nicht einig sind und nutzen das konsequent aus.

Und der Schwiegersohn? Zugewinn und Gleichgesinnter? Zugewinn ja, gleichgesinnt eher nicht. Ist ja auch der Geschmack meiner Tochter, die da aber einen guten Geschmack hat. Nur ist der Junge eine ganz andere Generation – ich muss es mir immer wieder selbst klarmachen. Nicht direkt pflegeleicht - waren die Töchter auch nicht immer – aber doch sehr umgänglich. Er stellt die gleichen Macken bei meiner Tochter fest, die ich schon lange bei meiner Ehefrau ertragen muss. Klar … sie sind schließlich aus einem Holz und beeinflussen sich gegenseitig.

Alles nicht spektakulär. Eine Patchwork-Familie wäre wohl spektakulärer, aber braucht man das auch? Ich habe die Ehe inzwischen 34 Jahre lang durchgehalten und will gar nicht so genau über die Gründe nachdenken. Auf andere Gedanken kam auch ich während dieser Zeit. Wer nicht? Aber letztlich haben wir zusammengehalten. Für einen wie mich, der nicht den Ruf als der große Romantiker hat, genügt diese Erkenntnis, die ich auch gar nicht tiefenpsychologisch analysieren lassen will. Ordnung, einen Rückzugsort, Verlässlichkeit, Verantwortungsbereitschaft und etliche andere Tugenden haben wir aneinander schätzen gelernt. Das war Familie für mich. Klar war es auch mal mehr, aber ohne die vorgenannten Werte wäre es viel weniger, und wer will schon weniger? Wenn Sie das jetzt nicht wirklich verstanden haben, so liegt das daran, dass ein Nicht-Romantiker Dinge zu beschreiben versucht, von denen er nicht so viel versteht oder die er seiner Natur entsprechend umständlich ausdrückt. Ich lebe damit. Bitte sehen Sie es mir nach.

Obwohl wir über Jahrzehnte die klassische Rollenverteilung hatten, nach der ich das Einkommen mit nach Hause brachte und meine Frau weitgehend befreit von der Berufstätigkeit für Erziehung und Haushalt zuständig war, fühle ich mich heute nicht als Familienoberhaupt. Nach meinem Verständnis sind wir in der Familie eine Demokratie, mit all ihren Schwächen. Besonders dem Stillstand bei Nichteinigung in einzelnen Fragen. Einen Teil davon haben wir dadurch gelöst, dass die überwiegende Kompetenz des anderen auf bestimmten Gebieten anerkannt wurde.
Es gibt Kompetenzbereiche, in die der eine Partner dem anderen nicht hineinredet. Das akzeptieren wir beide. Ob diese Kompetenzbereiche natürlich demokratisch oder gleich verteilt sind, darüber habe ich noch nie nachgedacht. Ist das wichtig? Wenn ein Haushalt und eine Beziehung so lange funktionieren, kann nicht so viel falsch gewesen sein. Außerdem haben sich diese Bereiche automatisch gebildet und sind nicht irgendwie „verhandelt“ worden.
Freunde, mit denen wir uns über alltägliche Probleme austauschen, haben einen ähnlichen Weg gewählt.

Wie war das früher auf dem Heimweg von der Arbeit: Konnten Sie gleich umschalten auf Ihr Privatleben? Die Familie als Schutzraum auch für sich selbst empfinden und auf Knopfdruck alle beruflichen Probleme zurücklassen? Ich konnte es nicht. Wenn es berufliche Probleme gab, nahm ich einen Teil davon mit nach Hause. Als sogenannter Zwischenvorgesetzter in einer Verwaltung sind Sie Ansprüchen von oben und unten ausgesetzt. Ausbalancieren war die Kunst. Letztlich blieb dabei immer etwas auf der Strecke. Der Heimweg reichte nicht, um vollständig abzuschalten und den Rollentausch zum Familienmenschen zu vollziehen. Ich habe das nicht immer geschafft, wohl aber versucht, mir nichts anmerken zu lassen.

Bei selbstbestimmter Arbeit, im Ruhestand oder nach kreativer Beschäftigung gelingt mir dies deutlich besser.
Aber auch Familie ist nicht gleich Familie. Den Berufstätigen aufzufangen, ihn nach einem schwierigen Arbeitstag erst einmal herunterkommen zu lassen, durch kleine Rituale abzulenken, all das hilft. Familienmensch zu sein ist eben auch nicht so einfach.

Fitness im Studio als Volkssport für Senioren ... oder die Kontaktbörse für Gesundheitsbewusste

Als Kinder begeisterten wir uns für Fußball. Viele spielten in einem Verein. Ich später auch. Als die deutsche Nationalmannschaft 1974 ihren zweiten WM-Titel gewonnen hatte, war ich 14 Jahre alt. Im Jahr 1985 gewann Boris Becker Wimbledon, das bedeutendste Tennisturnier der Welt. Fortan spielte ich Tennis. Gleichzeitig beendete ich meine Fußballlaufbahn. Mit dem Fußball hörte ich im besten Fußballalter auf, gleich alt mit Spielern wie Lothar Matthäus, Rudi Völler oder Pierre Littbarski. Die sollten 1990 die dritte Fußballweltmeisterschaft für Deutschland gewinnen. Ich für meinen Teil hatte damals andere Prioritäten für mich gesetzt: Beziehung, Familie, Studium und nebenbei noch Musik als Hobby ... mehr ging nicht. Der Fußball wurde geopfert. Kurz darauf endete auch meine Leidenschaft für das Tennis. Ein Grund dafür waren verstärkt auftretende Rückenschmerzen nach den Spielen. Überhaupt sind Fußball und Tennis definitiv keine Sportarten für die Ewigkeit. Eine Fußballerlaufbahn endet irgendwann mit 30+ oder spätestens nach der ersten schweren Verletzung. Auch der Tennissport ruiniert ganz ordentlich die Gesundheit. Da sind Rückenschmerzen nur der Anfang. Also weg vom Mannschaftssport – hin zum Individualsport nach eigenen Regeln.

Schon damals riet mir mein Hausarzt zu krankengymnastischen Übungen. Ich merkte schnell, dass das nichts für mich war. Bodenturnen gefiel mir generell nicht. Eine mangelnde Begabung dafür hatte ich bereits im Schulsport attestiert bekommen. Interesse daran besaß ich überdies nicht. Im fortgesetzten Alter wurden die Übungen durch mittlerweile vorhandene, altersbedingte Muskelverkürzungen nicht einfacher. Kommen Sie noch mit ihren Händen bei durchgedrückten Knien bis auf den Fußboden? Ich schon lange nicht mehr. Das konnte daher nicht die Lösung sein.

Von Fitnessstudios hielt ich anfangs nicht viel. Erstens schienen sie mir in erster Linie für Kraftsportler geschaffen zu sein – inzwischen ein Klischee, das nachweislich falsch ist. Ich glaubte das aber. Außerdem hielt ich nichts von Vereinssport jeglicher Art, da er regelmäßiges Training erforderte und man sich über längere Zeit vertraglich binden musste. Das wiederum bedeutete regelmäßiges Erscheinen, immer Zeit einplanen, andere Vorhaben verschieben, da sonst der Vertrag keinen Sinn machte.
Und mit diesen Gründen stehe ich nicht allein da. Das sehen viele so.

Wenn sich dennoch heute Senioren so zahlreich in Fitnessstudios einfinden, hat das nur einen Grund: Nein, nicht weil sie Rückenschmerzen gegen Muskelkater eintauschen wollen. Sie suchen (auch) Kontakt! Schließlich sitzt man nach dem Gruppentraining in einer Reha-Sportgruppe oder in einem Kurs noch einige Zeit beieinander. Und das im Rudel.

Für den Individualsportler ein ungewohntes Bild. Läuft er doch mit schmerzverzerrtem Gesicht und Schnappatmung an der Kaffee trinkenden Seniorengruppe im Foyer vorbei, weil er gerade die wöchentliche Gewichtsdosis um weitere 10 kg erhöht hat. Während er sich fragt, welche Anstalt heute Ausgang hat, schauen ihn die Senioren mitleidvoll an. Sie haben gerade Armkreisen und Beinheben absolviert und sich direkt danach erschöpft in die Polster fallen lassen. Ab und zu dringt nun eine Lachsalve von der fröhlichen Kaffeerunde in die Menge der schwer athletisch orientierten Kraftmeier.
Die Senioren erobern die Fitnesscenter.

Hilfreich dabei ist natürlich die inzwischen dringlicher gewordene gesundheitliche Empfehlung nicht nur der Haus-, sondern auch verschiedener Fachärzte, überwiegend aus dem Bereich der Orthopädie. Diese Empfehlung bringen viele mit.
Man kann es doch mal versuchen. Immerhin sind viele Fitnessstudios mitunter rund um die Uhr geöffnet, was den Besuch flexibel planen lässt.
Also das Sportliche und der damit verbundene positive Gesundheitseffekt ist die Eintrittskarte und der Aufhänger.
Um Leistungssport geht es dabei eher nicht. Die Gruppenaktivität vermittelt das Gefühl, aufgehoben zu sein im Kreise Gleichgesinnter.
Aber es gibt auch eine andere Sichtweise.

Die Vereinsamung der Gesellschaft durch steigende Singlehaushalte und deren Kontaktarmut spielt eine gewichtige Rolle. Wer für den Vereinssport zu alt ist, trifft sich außer bei Kaffeekränzchen neuerdings im Fitnessstudio. Die Anwesenheit beruhigt das schlechte Gewissen und hat gleichsam einen heilenden Effekt. Außerdem: Vielleicht lernt man ja wirklich jemanden kennen …

Was erwartet den geneigten Fitnessstudiobesucher?
Nein, tatsächlich und wie bereits erwähnt … Irrtum Nr. 1: Nur Kraftsportprofis hätten Zugang.
Wir erleben stattdessen hier den neuen Breitensport, der sich aus der wachsenden Lebenserwartung der Menschen ergibt. Wer älter wird, wird auch insgesamt öfter krank. So ziemlich alle gängigen orthopädischen Gebrechen lassen sich hier behandeln. Durch Gerätetraining, Dehnungs- und Stabilisierungsübungen, Faszientraining und vieles mehr. Modern ausgedrückt betreibt man einen „Workout". Wenn Sie das ihrer Nachbarin am Gartenzaun erzählen, macht das Wort einen enormen Eindruck und schreckt erst einmal ab. Möglicherweise sagt sie sogar: „Mein Herbert kann das nicht mehr … der hat ja solche Schmerzen im Knie. Außerdem spricht der gar kein Englisch …"

Die Mehrheit der Nutzer ist also nicht Schwerathlet oder trainiert für Olympia. Ganz im Gegenteil! Fitnessstudios haben die breite Masse als Kundschaft für sich entdeckt. Den durchschnittlichen Menschen mit all seinen (körperlichen) Schwächen. Ihm versprechen die Studios glücklich machende Lebensphilosophien, etwa endlich schmerzfrei zu sein, fitter als der Durchschnitt oder eine gute Figur zu bekommen.
Dafür stehen Kurse, Trainer, aber auch frei zu nutzende Sportgeräte zur Verfügung. Das zusätzliche Angebot des Reha-

Sports ist das Lockmittel für die ältere Generation.

Ich persönlich bevorzuge momentan noch den Individualsport an den Geräten. Keines der Geräte ist übrigens nur bestimmten Kraftsportlern vorbehalten. Jeder darf alles nutzen. Damit das auch funktioniert, gibt es zu Beginn natürlich eine Einweisung. - Aufgepasst: Das ist der einzige Tag, an dem es wirklich zur Sache geht. Der Trainer ist dabei und achtet peinlich genau auf Haltung und dass die Trainingseinheit auch wirklich anstrengend ist. Denn das soll sie sein. Aber anstrengend ist individuell zu definieren. Jeder trainiert im Rahmen seiner Möglichkeiten. Nach dieser Lehrstunde darf man fortan selbst ran.
So bestimmt wieder die individuelle Trainingsfaulheit Art und Dauer der Geräteübungen und zwischen den wieder kürzeren Einheiten sucht das Auge verzweifelt nach Unterhaltung, Anregung oder schlicht nach etwas anderem als den immer gleichen Blick auf die leblosen und den Menschen quälenden Geräte.

Schnell ergeben sich Kontakte Gleichgesinnter. Man kommt ins Gespräch und die Nettozeit der Aktivitäten schrumpft mit jedem Besuch. Je mehr ich mich unterhalte, desto weniger trainiere ich.
Idealerweise trifft man sich danach im Wellnessbereich und auch noch zum abschließenden Kaffeetrinken. Die Verabredung zum nächsten gemeinsamen „Training“ folgt, und der eigentliche Zweck tritt langsam in den Hintergrund. Es sei denn, man kämpft dagegen an und verweigert Sozialkontakte. Verbissener Trainingseifer. Nur Einzelfälle. Aber auch sie sind hier anzutreffen.
In jedem Fall: Die gute Absicht bleibt erhalten und schließlich soll man es ja im fortgeschrittenen Alter auch nicht übertreiben.

Zum Glück kontrolliert keiner das Erreichen der sportlichen

Ziele oder den Muskelzuwachs nach diversen Jahren der Zugehörigkeit.
Und will man doch mal in Ruhe trainieren, so erkundige man sich bei allen Bekannten aus dem Studio, wann sie das nächste Mal wieder anwesend sind. Genau dann sollte das Fitnessstudio möglichst gemieden werden. Seinen eigenen Besuch lege man anschließend auf diejenigen Tage und Uhrzeiten, die niemand genannt hat. Auch auf die Gefahr hin, zu dieser Zeit einen bislang völlig unbekannten Nutzer kennenzulernen.
Währenddessen hat bereits die nächste Reha-Sportgruppe Aufstellung genommen. Wenn ich mal partout keine Lust auf Fitnesstraining habe, kann ich mich ihnen immer noch zum anschließenden Kaffeeklatsch zugesellen.

Seniorensport: Fit im Alter

Für Sport ist es grundsätzlich nie zu spät!
Wir alle wollen gesund altern und dabei möglichst fit bleiben. Daher führt auch im fortgeschrittenen Alter kein Weg an körperlicher Ertüchtigung vorbei. Das gilt selbst für Pflegebedürftige, im Rahmen ihrer Möglichkeiten.
Im vorigen Kapitel „Fitness im Studio als Volkssport für Senioren" habe ich bereits einen Weg zur sportlichen Aktivität dargestellt. Nun sind Fitnesscenter oder -Studios nicht jedermanns Sache. Dort wird gezielt Muskelaufbau betrieben bzw. es werden vorhandene Muskeln durch Training erhalten. Da geht das Problem schon los. Stellen Sie nämlich bei sich fest, dass Sie nicht mehr über Muskeln verfügen oder verfügen wollen, so kommen Fitnessstudios wohl eher nicht infrage.

Ganz verzichten müssen Sie aber nicht auf Bewegungstraining. Schließlich können Sie sich einer Seniorensportgruppe anschließen. Der Einstieg ist – verglichen mit der Muckibude – leichter, lässt sich Schritt für Schritt vornehmen und das Gesellige im Kreis Gleichgesinnter kommt dabei ganz gewiss nicht zu kurz.
Falls Sie noch nicht das richtige Mindestalter für den Seniorensport mitbringen sollten – abgesehen davon, dass es das vermutlich nicht gibt –, so reicht sicherlich auch ein ärztliches Attest über Muskelverkürzung bei akuter Gelenksteife und Sie werden als geeignet angesehen.
Hilfsweise belegen Sie, dass Sie beim Deutschen Sportabzeichen zuletzt drei Mal hintereinander den letzten Tabellenwert Ihrer Altersgruppe nicht mehr erreichen konnten.

Jeglicher Leistungssportgedanke ist damit verbannt. Freude an der Bewegung steht im Vordergrund. Wenn Sie Zweifel haben, was Sie sich zutrauen können, so fragen Sie vorher selbstverständlich Ihren Hausarzt oder Ihren Ehegatten. Im Zweifel beide, auch wenn deren Meinungen nicht übereinstimmen sollten. Ihr Hausarzt meint es jedenfalls gut mit Ihnen.

Nachdem Sie den Rat erhalten haben, sich aus der Vielzahl der Alternativen diejenige sportliche Betätigung auszusuchen, die Ihnen mutmaßlich am ehesten liegt, entscheiden Sie nach dem Ausschlussprinzip. Das Schwimmen haben Sie trotz regelmäßiger Badewannennutzung komplett verlernt. Hier rächt sich, dass Sie während der letzten 17 Urlaube immer nur am Strand oder an der Bar gelegen haben. Allerdings war zwischen den Mahlzeiten schlicht zu wenig Zeit zum Schwimmen.

Sie können auch anders vorgehen: Wozu hätten Sie Lust?
Schweigen. Gut ... kein Problem!
Wenn das die falsche Frage war: Was haben Sie früher gern ausgeübt? Nach kurzem Überlegen: Skat am Stammtisch und Autorennen. Tja ...

Möglicherweise ist Ihnen jegliche sportliche Gruppenaktivität bisher verborgen geblieben. Der Gedanke, sich gegenseitig zu motivieren und weiterzumachen, wenn man sieht, dass es auch anderen schwerfällt, könnte dabei hilfreich sein.
Gehen wir also anders vor.
Am besten wählen Sie die von einem Trainer oder Gruppenmitglied mit Erfahrung angeleitete Sportgruppe. Um von vornherein den Leistungsdruck zu mindern, tauschen Sie sich mit den anderen Seniorensportlern zunächst ausführlich darüber aus, was Sie alles nicht (mehr) machen können. Das schafft Sicherheit bei zunehmender Übereinstimmung.
Sofern von einem Dutzend Übungen letztlich noch eine übrig bleibt, vereinbaren Sie sich auf diese.

Bevor Sie damit beginnen, sollten Sie sich aufwärmen. Dadurch vermeiden Sie frühzeitige muskuläre Probleme.
Bitte verständigen Sie sich unbedingt vorher über die Regularien richtigen Aufwärmens. Die Unterschiede zur früheren Skatgruppe sind möglicherweise erheblich. Aufwärmen in diesem Sinne meint nicht die Ihnen eher vertraute Schnapsrunde vor und nach jedem Spiel.
Auch den in diesem Zusammenhang vielleicht naheliegenden Gedanken an eine Wärmflasche sollten Sie schnellstmöglich verdrängen.
Es geht dabei vielmehr um Dehn- und Streckübungen, die den Körper in die richtige Verfassung bringen, um anschließend sportliche Großtaten vollbringen zu können. Dehnen ist so wichtig. Sie vermeiden dadurch auch Zerrungen.
Merken Sie sich: Dänen, die dehnen, sind denen, die nicht dehnen, auch wenn sie keine Dänen sind, allemal überlegen!

Sie merken sicher schnell, dass es angesichts ihrer etwas brachliegenden Sportlichkeit sofort ans Eingemachte geht.
Um der Überforderung zu entgehen, suchen Sie die Kommunikation. Kommunikation ist wichtig. Sie ist das Bindeglied in der Gruppe.
Unterbrechen Sie die Übungen und sprechen Sie mit Ihren Mattennachbarn beim Bodenturnen, wann immer Ihnen danach ist. Seien Sie auch offen dafür, von den anderen angesprochen zu werden. Der Trainer Ihrer Gruppe macht so lange mit denen weiter, die sich gerade nicht unterhalten. Er hat auch die Erfahrung, einige Übungen ganz allein durchzuführen.

Wenn Sie nach Ihrer ersten Erfahrung im Bodenturnen nur mäßig begeistert sind – so ist das normal. Allem Anfang wohnt ein Zauber inne, den Sie für sich erst entdecken müssen. Sie können aber auch vorsichtshalber prüfen, ob eine der **Standard-Ausreden** greift und Sie vielleicht aus der Nummer wieder herauskommen. Dass Sie sich zu alt fühlen, um im Seniorensport mitzuwirken, überzeugt in der Regel nicht. Sie könnten stattdessen glaubhaft versichern, Sie seien zu müde für Fitnessübungen. Das mag sein. Jedoch ist bisher selten jemand während einer Übung direkt eingeschlafen. Überdies lässt diese Behauptung Ihren Lebenswandel als etwas fragwürdig erscheinen.

Wirkungsvoller wäre dagegen, wenn Sie behaupteten, Ihr Arzt habe Ihnen Sport verboten. Dagegen lässt sich auf den ersten Blick nur schwer etwas sagen. Allerdings sollten Sie die Seniorensportgruppe nicht unterschätzen. So ein Verein ist breit aufgestellt und rechnet auch Wandern, Spazierengehen, Tanzen, Radfahren, Aufräumen oder Gartenarbeit zu den praktizierten

Sportarten. Da Sie einfache Turnübungen prinzipiell auch innerhalb geschlossener Räume ausführen können, entfällt schließlich auch der Verweis auf das zu schlechte Wetter für Sport.

Wenn somit alle Ihre Ausreden verpuffen, ändern Sie Ihre Strategie. Bedenken Sie die gesellschaftlichen Vorteile in der Gruppe, vergegenwärtigen Sie sich, dass Sie neue Bekanntschaften schließen, machen Sie also mit und vor allem: Schlagen Sie Sportarten vor, die Ihnen liegen, von Ihnen favorisiert werden oder schlicht eher Ihren Neigungen entsprechen, wie etwa Knobeln, Schlachtplatteessen oder Fingerhakeln beim gemütlichen Zusammensein. Der eine oder andere wird Ihnen begeistert zustimmen und Sie werden zum gesellschaftlichen Mittelpunkt.

Wollen Sie sich trotz der geschilderten Vorteile keiner sportlichen Seniorengruppe anschließen, so können Sie selbstverständlich auch für sich allein die sportliche Erfüllung im Alter finden. Alle Empfehlungen dazu deuten auf ausreichend Bewegung. Die Faustformel lautet: 7.000 Schritte am Tag. Sofern Sie sich lediglich in Ihrer Wohnung bewegen wollen, ein schwer erreichbares Ziel. Die Wege sind überschaubar. Vom Fernsehsessel zum Kühlschrank und zurück sind maximal 20 Schritte. Auch wenn es ausreichend Gründe gibt, mehrmals täglich zum Kühlschrank zu gehen, scheint die Vorgabe nicht erreichbar zu sein. Selbst der eine oder andere ergänzende Toilettengang kann es nicht herausreißen. Da hilft nur ein Mix aus Bewegung und Gymnastik. Versuchen Sie mal Tai-Chi, Pilates oder Yoga. Nein, nicht als Spezialitäten vom Asia-Imbiss, sondern durchaus geeignete Möglichkeiten der körperlichen Selbstfindung.

Falls sich Ihnen inzwischen die Sinnfrage stellt, so sei beim

Seniorensport auf die so wichtige Stärkung des Immunsystems verwiesen. Besonders im Alter, weil Sie anfälliger sind als in jungen Jahren. Sie stärken Ihr Immunsystem und helfen typische Alterskrankheiten wie etwa Rheuma oder Arthrose, aber auch Infekte, zu vermeiden.

Als prominentes Beispiel für ausgewiesene Fitness im Alter gilt der Schauspieler und Komödiant Dieter Hallervorden (Jahrgang 1935). Er ist als Betreiber zweier Theater und Schauspieler weiterhin berufstätig und verdankt seine Gesundheit vor allem der altersgerechten sportlichen Aktivität.

Da er nach eigener Aussage permanent den Unruhezustand sucht, pflegt er meines Wissens überwiegend den Individualsport und bevorzugt den „Iron Man“ und Marathondistanzen. Ein eher untypisches Beispiel gelungenen Altwerdens.

Haustiere im Alter

Wenn man Tiere mag, gibt es keinen richtigen oder falschen Zeitpunkt, sie in die Familie aufzunehmen. Und doch sind es bestimmte Anlässe, die vor allem ältere Menschen dazu bewegen, sich ein Haustier anzuschaffen. Mal ist das Arbeitsleben beendet und dadurch mehr Zeit vorhanden, mal sind die Kinder aus dem Haus und es fehlt etwas. Manch einer gesteht sich das nicht gern ein und vor allem ist es ja dieser hinkende Vergleich zwischen Kindern und Tieren, aber es fehlt jemand zum Bemuttern oder zum Kuscheln. Vielleicht ist es auch der Wunsch danach, jemandem überlegen sein zu können, ihn zu dirigieren, reglementieren und ihm den Tagesinhalt vorzugeben.
Kinderlosen Ehepaaren, die Haustiere besitzen, sagt man mitunter nach, sie verbinden damit möglicherweise einen Kindersatz.

Wer über wenig Erfahrung mit Haustieren verfügt, aber sich ein Haustier zulegen möchte, sollte sich erst einmal klarmachen, worin dabei der eigene Nutzen bestehen soll. Aber auch der des Haustieres. Dann wird am ehesten deutlich, welche Art Haustier es sein sollte.
Zum Kuscheln bieten sich Katzen und bestimmte Hunderassen an. Für die Entspannung ist ein Aquarium gut geeignet. Fische sind überdies die am besten geeigneten Monolog-Partner. Sie hören zu und es sind keine Fälle bekannt, in denen sie zum Widerspruch neigten.

Hunde erfüllen gleich mehrere Zwecke. Neben dem bereits erwähnten Kuscheltier ist der Hund ein guter Fitnesspartner mit zumeist einer besseren Kondition als sein Frauchen oder Herrchen. Die berufstätigen Hunde unter ihnen machen Karriere als Wachhund. Und in der Bergrettung hat sich ein gewisser Bernhardiner einen Namen gemacht. Hunde zwingen zum Spazierengehen und haben dadurch einen gesundheitsfördernden Effekt. Tierhalter gelten daher als ausgeglichener und ruhiger. Ein Problem für diejenigen, die nicht als ausgeglichen und ruhig gelten, aber leider keine Tiere mögen.

Schließlich ist ein Hund kontaktfördernd. Hundehalter begegnen sich beim Spaziergang. Manchmal mehrmals am Tag. Immer das gleiche Ritual. Schnell kommt man über den Hund ins Gespräch und eine Einladung zum Kaffeetrinken folgt.
Die einzige Gefahr ist darin zu sehen, dass sich bei längerem Zusammensein Mensch und Hund auch äußerlich immer ähnlicher werden. Kommt es dazu, dann ist das nicht unbedingt eine Win-win-Situation, schon gar nicht aus der Sicht des Hundes. Von der Verwechslungsgefahr ganz abgesehen.

Auch andere Tiere versprechen eine vorteilhafte weitere Lebensgestaltung, wenn man sich ihrer annimmt. Bei der Gesprächsführung liegen Papageien weit vorn in der Tierwelt. Wenn Sie jemanden brauchen, mit dem Sie sich unterhalten können, wäre das möglicherweise Ihr Favorit. Vermeiden sollten Sie allerdings politische oder religiöse Themen. Auch Beschimpfungen naher Angehöriger in Gegenwart des Tieres sind nicht anzuraten. Der Papagei merkt sich die eine oder andere Aussage und rezitiert sie schon einmal zu äußerst ungünstigen Zeitpunkten.

Wer seinen Ehepartner verloren hat, bekommt zunächst mein aufrichtiges Mitgefühl. Vorsicht ist geboten, wenn die Tierwelt dafür „Ersatz“ liefern soll, und das möglichst mit ähnlichen Charaktereigenschaften des/der Verstorbenen. Einige exotische Tierarten wie etwa das Faultier sind möglicherweise wenig häuslich. War die herausragende Charaktereigenschaft des früheren Partners ausgerechnet dessen ausgeprägte Sturheit, sollte gleichwohl die Wahl nicht auf einen Esel fallen. Das Zusammenleben könnte für beide nicht optimal ausfallen. Auch die Kategorie der Nutztiere in der Landwirtschaft hat sich charakterlich als eher ungeeignet für einen Menschen mittleren Alters erwiesen.

Okay, ernsthaft betrachtet sollte es für ältere Menschen durchaus auch ein älteres Tier sein. – Warum? Tatsächlich sind auch diese ruhiger und gelassener, passen daher besser mit Ihnen zusammen.
Und wenn es etwas zum Kuscheln sein soll, besser keine Vögel, Kaninchen oder Meerschweinchen. Abgesehen davon, dass die das nicht so mögen, ist die Käfighaltung etwas arbeitsaufwendiger.

Katzen erfreuen sich großer Beliebtheit als Haustiere. Das ist etwas schwer zu verstehen, neigen sie doch dazu, die Wohnung nach ihren Vorstellungen umzugestalten. Bei längerer Abwesenheit muss man sich nach Rückkehr auf die eine oder andere Umgestaltung des Mobiliars seiner eigenen vier Wände einstellen. Katzen brauchen daher klare Ansagen. Sie halten sich allerdings nur begrenzt daran.

Genügsam sind Hamster oder Mäuse. Die wiederum sind nachtaktiv, was nicht zu jedem Menschen in der zweiten Lebenshälfte passt. Auch die Geruchsbelästigung sollte berücksichtigt werden – also die des Tieres.

Übrigens freuen sich die Tierheime über Interesse an den Tieren. Sie lassen die Begegnung zu und lassen Sie auch Tiere schon mal ausführen. Sie müssen also noch nicht einmal Eigentümer des Tieres werden und dauerhafte Verantwortung übernehmen, wenn Sie nur hin und wieder mal deren Gesellschaft suchen. Das ist besonders interessant für diejenigen, die sich die alleinige Betreuung eines Tieres vielleicht nicht mehr zutrauen.

Tiere können also das Leben alleinstehender Menschen bereichern, und nicht nur von ihnen. Der Mensch ist schließlich selbst ein Gesellschaftstier.

Senioren und Internet

Viele Studien beschäftigen sich mit dem Internet und wie die Menschen es nutzen. Inzwischen ist auch die ältere Generation zu einem begehrten Studienobjekt über das Internetverhalten geworden. Es wird geschätzt, dass 20 Millionen ältere Menschen in Deutschland mehr oder weniger ohne Internet leben, weil ihnen Probleme im Umgang damit nicht lösbar erscheinen. In einer Zeit, wo E-Mails die Briefpost ersetzen, das Online-Shopping an die Stelle geschlossener Warenhäuser tritt und Twittern, Chatten und Surfen zum täglichen Ritual gehören, leben sie förmlich im Abseits. Dabei steigt die Zahl der Senioren auch in Zukunft noch weiter an. Internetanbieter und Onlinehändler hätten also sicherlich auch ein Interesse daran, diese Gesellschaftsschicht zu erreichen. Bisher konzentrierte sich die fortschreitende Digitalisierung auf Schule und Beruf. Senioren, die mit beidem abgeschlossen haben, kommen in Förderprogrammen nicht vor. Wer von ihnen nicht weiß, wie er sich diesem Medium nähern kann, keine Hilfestellung bekommt und ständig von Sicherheitswarnungen vor dem Internet umgeben zu sein scheint, bleibt lieber offline. Das ist zutiefst menschlich. Sind wir doch alle von langjährigen Gewohnheiten geprägt und können nicht so schnell aus unserer Haut. Dazu wird die Lernkurve im Alter bekanntlich steiler. Auch die Neigung, Probleme am Computer durch Herumprobieren (Versuch und Irrtum) zu lösen, ist bei ihnen nicht so stark ausgeprägt wie bei den jüngeren Generationen. Nahezu jedes Nutzerproblem ist heute bereits in YouTube-Videos behandelt und kann häufig durch einfache Lernschritte gelöst werden. Das Video lässt sich so oft anschauen, bis das Problem verstanden ist. Aber so weit muss man als Neuling im Umgang mit dem Internet erst einmal kommen. Da gibt es viele Hürden und Unwägbarkeiten zu überwinden.

Eine Stimme der älteren Generation äußert sich im Namen vieler:
„Es fängt ja bereits mit dem sicheren Passwort an. Wie soll ich es mir merken, wenn ich es nicht aufschreiben darf und alle einfachen Kombinationen wie „1-2-3-4-5“ nicht gewählt werden sollen? Außerdem stelle ich mich bestimmt dumm an und lösche versehentlich das Internet! Und was dann …?“
Besonders in der Altersgruppe der über 70-jährigen spielte das Internet in ihrem Leben bisher gar keine Rolle. Das wird deutlich, wenn man einfach mal zurückrechnet. Vor etwa 25 Jahren,

also Mitte der 90er-Jahre wurde das Internet in Verwaltungen und Betrieben zum Arbeitsmittel. Zunächst nur punktuell in einzelnen Bereichen, danach in der breiten Masse. Wer zu dieser Zeit zwischen 50 und 60 Jahre alt war und nur noch eine überschaubare Arbeitszeit vor sich hatte, schaute zu, dass der Kelch an ihm vorüberging. Sich auf seine letzten Jahre noch mit einer neuen, völlig veränderten Technik auseinanderzusetzen, zu lernen, Rückschläge eingeschlossen, das versuchte man möglichst zu vermeiden. Kein Mensch konnte zu dieser Zeit sicher vorhersagen, wie bedeutsam das Internet für alle Lebensbereiche werden wird.

Pilotprojekte waren anfangs freiwillig. Eine gute Gelegenheit also, der neuen Technik erst einmal vorsichtshalber aus dem Weg zu gehen. Da hieß es, „Was soll ich auf meine alten Tage damit?“ Und so „rettete“ sich der eine oder andere von ihnen bis zum Ruhestand, ohne sich noch mit Computern beschäftigen zu müssen. Die langfristige Entwicklung war noch nicht sicher absehbar. Inzwischen steht aber fest: Konnten Sie der Computerisierung im aktiven Berufsleben noch ausweichen, privat wurden Sie davon wieder eingeholt. TV-Geräte, Waschmaschinen, Autos, Steuererklärungen ... alles verlangt nach elektronischem Input. Zunächst wird nur die maschinelle Produktion verbessert, dann Papier abgeschafft und später das komplette Leben automatisiert. Mit allen positiven und negativen Folgen.

Ich möchte dabei niemandem unrecht tun. Viele weigerten sich nicht, waren aber in ihrer Generation ohne eigenes Zutun nicht mehr gefragt, wenn es um die Umrüstung der Arbeitswelt ging. Sie waren Auslaufmodelle. Ich habe einige solcher Kollegen kennengelernt. Im Arbeitsleben den Umgang mit der digitalen Welt noch gelernt zu haben, ist für heutige Ruheständler ein klarer Vorteil. Allein beim Online-Shopping und Online-Banking lassen sich Wege einsparen, die in zunehmendem Alter aus gesundheitlichen Gründen schwererfallen können. Außerdem tickt die Uhr. Post und Bank schließen Filialen und stellen den Service zunehmend ein. Damit sparen sie Personal und reagieren auf veränderte Nutzergewohnheiten. Selbst Arztbesuche sind heute schon entbehrlich, wenn die Telediagnose möglich ist und der Hausarzt diesen Service anbietet.

Das Internet jemandem zu erklären, der es nicht kennt, kann eine Herausforderung sein. Sie dürfen nichts voraussetzen und müssen Ihren Sprachgebrauch filtern. WLAN, QR-Codes, das @-Symbol, ein Browser, google und manches mehr ist adressatengerecht zu entschlüsseln. Die Digitalisierung rollt wie eine Welle durch alle Lebensbereiche. Wer nicht mitzieht, wird abgehängt. Die Innovationsgeschwindigkeit ist hoch. Nicht nur Senioren können dem Tempo nur schwer folgen.
Auch unter den Jüngeren gibt es sogenannte Internetverweigerer. Zwar sind sie selten, aber doch vorhanden. Wer von ihnen durch die berufliche Tätigkeit so gar nichts mitbekommt vom Umgang mit dem world wide web, wenig Sozialkontakte pflegt und nicht selbst Anstrengungen unternimmt, bleibt ebenso auf der Strecke. Berührungsängste in zunehmendem Alter sind nicht ungewöhnlich. Haben Sie Kollegen mit guten Kenntnissen, so schwimmen sie mit und bleiben auf dem Laufenden. Wer in den 90er-Jahren bereits berufstätig war und plötzlich den „Kollegen Computer“ auf den Tisch gestellt bekam, musste neu lernen. Und viel Geduld haben. Aber man wurde mitgezogen. Lebenslanges Lernen ist die Devise. Es endet nicht mit dem Eintritt in den Ruhestand, so die zweischneidige Erkenntnis daraus. Beim Erwerb eines neuen Fernsehgerätes stehen Sie vor der Frage: HDMI oder HD-DTV, hdd1+b oder hdd2+b …? Kaufen Sie sich ein neues Auto, werden Sie von der immer

stärker dominierenden Bordelektronik gefordert. Nein, nicht nur das Entertainment-System im Fahrzeug, sondern auch die Fahrassistenten und viele Grundfunktionen haben nichts mehr mit der Mechanik der 60er-Jahre gemein. Die Überforderung lauert in allen Lebensbereichen. Alternativen gibt es nicht. Wer nicht mitzieht, ist bald von gestern. Es gilt die Lebensweisheit: Lernen ist wie schwimmen gegen den Strom – wer damit aufhört, fällt zurück. Eine vollständige Verweigerung ist sinnlos, denn der Alltag ist bereits vom Internet durchdrungen. Letzte analoge Bastionen fallen ihm zum Opfer. Besonders in der Unterhaltungsindustrie wird das deutlich. Parallel dazu schränkten auch die Elektronik-Konzerne wie Media Markt oder Saturn ihr Filialnetz ein und verstärkten den Online-Handel.

Die Corona – Pandemie hat diesen Zustand noch beschleunigt. Besuche im Freibad mussten im Sommer 2020 bereits per E-Ticket angemeldet werden. Lediglich für Senioren ohne Internetzugang seien ein paar Karten an der Kasse erhältlich, so hieß es. Auf Nachfrage erfuhr ich dazu, dass dies wirklich nur in „Härtefällen" und so lange der Vorrat reicht, gelte. Mir wolle man keine Karte an der Kasse verkaufen. Da ich mit dem Fahrrad käme, sei ich nicht gebrechlich. Außerdem besäße ich ein Smartphone. Pech gehabt. Aber richtig erkannt. Ich bräuchte die Hilfe nicht, konnte ich doch den beschriebenen Weg Anfang der 90er-Jahre mitgehen und bin auf dem aktuellen technischen Stand. Noch …

Ist die Digitalisierung nun Fluch oder Segen?

Die Frage ist für jemanden, der die Hälfte seines Lebens bisher auch gut ohne Internet leben konnte, nicht leicht zu beantworten. Vorteile dergestalt, dass YouTube inzwischen rund um die Uhr zu allen Fragen mehr oder weniger hilfreiche Videos, bis hin zur optimalen Gebisspflege, vorhält, überzeugen nicht restlos, bieten aber neue Möglichkeiten der Informationsbeschaffung.

Für die Arbeitswelt bringt sie Produktivitätsfortschritte. Für das private Leben sind es in erster Linie neue Wege in der Freizeitgestaltung. Die Risiken sind gesundheitlicher Art, orthopädisch wie psychisch. Eigentlich gilt, was für alles gilt: In Maßen sinnvoll, im Übermaß bisweilen schädlich.
Eine Faustformel für Senioren: Was das Leben im Alter leichter macht, ist auch für sie sinnvoll.

Sinnfragen

Auf Sicht fahren

Menschen in der zweiten Lebenshälfte fahren auf Sicht. Sie halten sich an das Vorsichtsprinzip. Die Strategie „Auf Sicht fahren“ taucht in etlichen Lebensbereichen auf. Zum Beispiel im Straßenverkehr, was naheliegend ist. Fahren Sie nur so schnell, dass Sie aufkommende Gefahren immer rechtzeitig erkennen und angemessen reagieren können. Kommen noch schwierige Witterungsbedingungen hinzu, gilt das umso mehr. Der Sichtbereich im Nebel verringert sich und erfordert eine angepasste, d. h. reduzierte Geschwindigkeit. Überhaupt ist das Autofahren auf die individuellen Fähigkeiten einzustellen, indem Nachtfahrten vermieden werden oder eigene Höchstgeschwindigkeiten nur unter der allgemein erlaubten Höchstgeschwindigkeit liegen. Ein weiteres Beispiel:
Im Unternehmensbereich fährt auf Sicht, wer in ungewissen Zeiten nur von Monat zu Monat plant, weil er wichtige Unternehmenskennzahlen nicht sicher einschätzen kann.

Bei Menschen in der zweiten Lebenshälfte lassen die körperlichen und geistigen Kräfte nach. Diesem Umstand müssen wir Rechnung tragen, indem wir Risiken minimieren. Planungsfristen setzen kürzer an. Eine langfristige Planung ist nicht mehr erforderlich. Manch einer behauptet von sich, überhaupt nicht mehr zu planen. Wer nicht plant, improvisiert.
Bei der Geldanlage werden langfristige Laufzeiten in Kapitalanlagen gemieden. Die damit ursprünglich verbundenen Ziele sind längst erreicht oder sie sind keine Ziele mehr. Die meisten von uns (sollten) haben auch keine finanziellen Probleme mehr (haben). Das Haus ist bezahlt, das Mobiliar angeschafft, das Einkommen und die Ersparnisse reichen aus. Es genügt schlicht, auf Sicht zu fahren und nicht mehr das Maximum anzustreben, Stress und komplizierte Dinge zu vermeiden. Sich

zurücknehmen, ist die Devise. Das ist nicht immer leicht. Grundsätzliche Überzeugungen begleiten das ganze Leben und ändern sich auch nicht zwangsläufig im Alter. Altersmilde und Gelassenheit sorgen für den Ausgleich, der in früheren Jahren häufig nicht möglich erschien. Wenn im Herbst die Blätter vom Baum des Nachbarn auf mein Grundstück fallen und ich sie entsorgen muss, ist das Problem nicht mehr so groß.

Das Leben ist entschleunigt.
Morgendliches Aufstehen ist nicht mehr an einen klingelnden Wecker gebunden. Vor allem kann es zu unterschiedlichen Zeiten erfolgen. Je nach Tagesform.
Es gibt nur wenige oder gar keine Termine in der Woche. Der Tag muss nicht strukturiert oder geplant, das Frühstück kann ohne Eile eingenommen werden. Die gestiegene Bedeutung des Fernsehprogramms wird auch dadurch erkennbar, dass sich dessen Prüfung sofort an das Frühstück anschließt und breiten Raum einnimmt. Schließlich gilt es, einen gemütlichen Abend vorzubereiten. Die Weinsorte dafür wird nicht mehr im Supermarkt gekauft, sondern nach sorgfältiger Vorauswahl bei einem Winzer geordert.

Die Kleidung wird auf bequem umgestellt. Jeglicher Krawatten- oder Hemdzwang gehört der Vergangenheit an. Selbst die bequeme Jeans wird gemieden und macht Platz für den Jogginganzug, besonders wenn sie über die Jahre immer enger geworden ist. Der Jogginganzug selbst hat jedoch seine ursprüngliche Bedeutung längst verloren und wird für den aus seinem Namen hergeleiteten Zweck nicht mehr eingesetzt. Kurzatmigkeit setzt uns zu und erfordert mitunter auch bei kleineren Wegstrecken im eigenen Haus regelmäßige Pausen.

Vergesslichkeit gehört zu den Begleiterscheinungen des Alters.

Das Namensgedächtnis funktioniert schon längere Zeit mehr schlecht als recht. Das allerdings wird dem Alter zugeschrieben und bedeutet keine ernsthafte Erkrankung. Problematischer ist es erst dann, wenn im Auto überall etwa folgende kleine Zettel angebracht sind, ohne die es nicht mehr geht: „Gang herausnehmen“, „Kupplung treten“, „Zündschlüssel ins Zündschloss stecken und umdrehen“ … In diesem Fall sollte auch nicht auf Sicht, sondern möglichst gar nicht mehr Auto gefahren werden.

Auf Sicht fahren als Strategie zur Risikovermeidung ist für sich gesehen nichts Schlechtes und führt uns durch das Alter. Die Sicht ist ab und zu einer Überprüfung zu unterziehen. Denn wir bleiben weiterhin für uns verantwortlich.

Das unbewusste „Ich“ entdecken

Wenn Sie mal scherzhaft über sich selbst gesagt haben, Sie glauben im falschen Leben zu leben, so kann daran etwas Wahres sein. Zumindest befänden Sie sich in bester Gesellschaft.
Im Stern-Artikel „Wer bin ich wirklich“ schreibt Bestsellerautor Bas Kast über die schwierige Suche nach dem wahren Selbst (Stern Nr. 39/2020). In diesem Artikel heißt es unter anderem: „Das Elternhaus hat keinen systematischen Effekt darauf, wie Sie als Person werden. Überhaupt stellt sich vieles, was wir bislang für Umwelteinflüsse gehalten haben, als verborgener genetischer Einfluss heraus … Wir werden im Laufe des Lebens mehr und mehr zu jener Person, die wir vom genetischen Kern unseres Wesens her sind.“
Können Sie dem nicht nachgeben, was Sie eigentlich sind oder wollen, so leben Sie „an sich selbst vorbei“. Erst wenn es gelingt „… sein bewusstes Selbstbild mit seinem unbewussten Ich in Einklang zu bringen …“ erwächst Lebensfreude, Erfüllung und die Chance, ganz du selbst zu werden.

Als ich diesen Artikel durchgelesen hatte, stellte ich eine erstaunliche Übereinstimmung mit meinem Leben fest und war zunächst sehr überrascht. Wissenschaftliche Erkenntnisse am eigenen Körper erfahren, das geschieht nicht alle Tage. An der Richtigkeit der getroffenen Aussagen hatte ich überhaupt keine Zweifel.

Schließlich habe ich mein Leben verändert, indem ich im sogenannten besten Alter meinen bis dahin ausgeübten Beruf geopfert habe, um künftig selbstbestimmt und freiberuflich tätig zu sein. Eine Entscheidung, die sich nach inzwischen rund fünf Jahren seitdem immer noch richtig anfühlt. Tatsächlich hatte meine seinerzeit eingeschlagene Beamtenlaufbahn mit meinen eher kreativen Fähigkeiten und Neigungen im Kindesalter nichts gemein. Ich erinnere mich noch gut an eine Lehrveranstaltung an der Fachhochschule für öffentliche Verwaltung während meines Studiums, in der es um die Fähigkeiten eines künftigen Beamten in leitender Position ging. Ein Mitstudent vertrat die Ansicht, Beamte und ihre Führungskräfte müssten kreativ sein. Der Dozent schüttelte sofort den Kopf und erklärte, auf dies genau käme es nun gerade nicht an. Da Beamte, egal wo sie tätig seien, immer gesetzesgebunden und loyal arbeiten müssten, immer Vorgesetzte um sich hätten, sei Kreativität ganz gewiss nicht gefragt. Recht hatte er. Ein Beamter wird nicht dafür bezahlt, was er kann, sondern dafür, was er machen soll. Ein erheblicher Unterschied.

In meiner knapp 40-jährigen Laufbahn in der öffentlichen Verwaltung bei Kommunen und Land war Kreativität so ziemlich das, was ich am wenigsten einbringen konnte. Dabei hatte ich bereits im Kindergarten eine musikalische Früherziehung mit gutem Erfolg erfahren und spielte auch leidenschaftlich im Schülertheater mit. Daneben gehörte Lesen und Schreiben stets zu meinen besseren Eigenschaften und ich galt als kommunikativ.

Wie wäre es gekommen, wenn meine damals schon vorhandenen kreativen Neigungen entsprechend gefördert worden wären? Ich sehe meinen Lebenslauf insofern gar nicht negativ, zumindest nicht uneingeschränkt. Der Beamtenjob verschaffte mir ein gesichertes Einkommen, eine gesicherte Pension (jetzt), eine seriöse Beschäftigung, die der Familiengründung und dem Existenzaufbau durchaus förderlich war. Alles sinnvoll und insofern gut gelaufen.
Eine langjährige Karriere in der Musik oder am Theater oder als Buchautor verhinderte jedoch die Beamtenlaufbahn. Daraus

wurde stattdessen eine späte Berufung.

Ich werde nie erfahren, ob ich die große Karriere verpasst habe oder ob es eher gut war, zunächst an die gesicherte Existenz zu denken. Deshalb zermartere ich mir darüber auch heute nicht den Kopf, sondern versuche, mit meinen jetzigen Möglichkeiten mein Leben optimal zu gestalten. Aber mir ist durch diesen Artikel sehr deutlich geworden, was ich eigentlich bin und immer sein wollte und wie lange ich dies unterdrückt habe.

Dass meine kreativen Interessen nicht bereits früher ähnlich wie ein Vulkan zum Ausbruch gekommen sind und mein Leben verändert haben, führe ich darauf zurück, dass ich nicht lange allein geblieben bin. Die im statistischen Durchschnitt der 80er-Jahre recht frühe Familiengründung mit Mitte zwanzig schob die materiellen Dinge in den Vordergrund. Das sichere Einkommen war gefragt. Experimente verboten. Eine Ehefrau, Kinder und Hausbau erforderten finanzielle Sicherheit und verdrängten für Jahre den Hang zur Selbstverwirklichung oder etwaige Gedanken an das Betreten von Neuland. Erst lange Zeit später … ich hatte bereits eine meiner letzten beruflichen Stationen erreicht und die Kinder waren aus dem Haus, fiel meinem damaligen Behördenchef auf, dass ich ein „kreativer Kopf“ sei. Das kam nicht von ungefähr. Allerdings konnte ich damit – wie oben beschrieben – in einer Verwaltungslaufbahn nichts anfangen.

Ungefähr zehn Jahre vor Ende meiner beruflichen Laufbahn drängten die Veränderungswünsche immer stärker durch. Der Frust mit dem Job, die geregelten wirtschaftlichen und familiären Verhältnisse und der wieder stärkere Wunsch nach künstlerischer Aktivität bestimmten mein Leben. Das blieb auch meinen Kollegen nicht verborgen.

Rückblickend betrachtet führte ich einige Jahre lang einen Kampf zwischen Vernunft und Risiko, zwischen Beständigkeit und Veränderung, zwischen materiellem Maximum und teilweisem Verzicht. Da ich zu dieser Zeit berufsbedingt bereits sehr stark von wirtschaftlichen Überlegungen geprägt war, zögerte ich noch und ließ diesen Prozess gären. Ich wartete instinktiv auf so etwas wie eine Initialzündung, um anschließend den Knoten durchzuschlagen. Das dauerte viel länger, als es hätte sein müssen, wie ich heute begreife. Aber „Safety first" war die Devise. Ich musste mir sicher sein, dass ich das auch wirklich dauerhaft wollte und mir auch finanziell leisten konnte. Es würde kein „Zurück" mehr geben, wenn die Veränderung erst einmal geschehen ist.
Es ist im Nachhinein für mich nicht eindeutig feststellbar, ob es diese Initialzündung auch wirklich gegeben hat. Wenn etwas längere Zeit gärt und brodelt, kann auch ein kleiner Funken die Explosion erzeugen.

Letztlich kam es so. Mein Beamtenverhältnis wurde beendet – ich war frei. Frei für die Dinge, die ich schon immer wollte.
Wer wie ich genau hier angekommen ist, im Leben nach der alles blockierenden und hemmenden, einst aus anderen Gründen als der puren Leidenschaft gewählten Berufstätigkeit, der kann sich fortan auf die Suche nach dem eigenen Ich machen. Einzig die verstrichene Zeit ist verloren, nicht aber die Zukunft.
Vielleicht müssen Sie aber nicht mehr suchen, weil Ihr eigenes Ich bereits von sich aus auf Sie zugekommen ist.
Aber auch wenn Sie mit allem im Reinen gewesen sind, es keine andere verborgene Identität gibt, warten spannende Jahre auf Sie. Vorausgesetzt, Sie besitzen die Fähigkeit, Ihr Leben zu genießen. Entdecken Sie Ihre Talente. Im Alter ist endlich Zeit dafür.

Essen und Trinken gewinnen an Bedeutung

Als Kind haben mich die Mahlzeiten nicht sonderlich interessiert. Sie dienten der notwendigen Nahrungsaufnahme. Auch war ich bis zu meinem 15. Lebensjahr ein schlechter Esser. Als Jugendlicher waren gemeinsame Mahlzeiten mit den Eltern verpönt. Die Zusammenkünfte bei Tisch dienten nur dazu, ausgefragt zu werden. „Wo warst du …? Was hast du heute vor …? Sind die Schularbeiten gemacht?“
Was sonst an Konversation bei Tisch stattfand, war für mich ohnehin nicht so interessant. Ich lebte in meiner eigenen Welt, die die Erwachsenen nicht verstanden. So war zumindest meine Sichtweise.
In der zweiten Hälfte meiner Zeit als Teenager und als Erwachsener entwickelte sich mein Appetit. Bestimmte Dinge aß ich sehr gern und freute mich aufs Essen. Inzwischen bin ich ein ziemlicher Feinschmecker geworden, der gute Küche schätzt und damit auch sehr breit aufgestellt ist. Ich mag eigentlich so ziemlich alles. Einige wenige Dinge nicht so sehr. Diäten oder Einschränkungen aufgrund von Allergien kenne ich bis heute nicht. Sie können daraus schließen, dass ich mein Gewicht noch im tolerablen Bereich halten kann.

Verzicht gab es bei uns zu Hause früher nicht. Wenn Eltern der Kriegsgeneration angehören, haben sie ein Verständnis vom Essen entwickelt, das mit einer hohen Wertschätzung für jedes Lebensmittel versehen war. Ein Fleischverzicht fand nicht statt. Fleisch galt als etwas Besonderes und kam häufig auf den Tisch. Es wurde noch der klassische Sonntagsbraten verspeist. Und es gab täglich 4 Mahlzeiten: Frühstück, Mittagessen, Nachmittagskaffee mit einem Stück Kuchen und das Abendessen.

Wenn wir heute essen, zelebrieren wir das schon etwas. Besonders am Abend. Kerzenlicht ist dabei und das Essen muss gut aussehen, also hübsch angerichtet sein. Das Auge isst schließlich mit. Diese Dinge sind mir im Laufe der Jahre immer wichtiger geworden. Ich glaube schon, dass es eine Alterserscheinung ist. Wir mögen es, gut zu essen und dabei eine gepflegte Unterhaltung zu führen. Essen ist der Sex des Alters. Die vielen Kochsendungen im heutigen Fernsehprogramm sorgen daneben für ständige Anregungen. Mir machen sie jedenfalls Appetit.

Problematisch ist dabei nur, dass sich die körperlichen Veränderungen bei älteren Menschen nicht wegdiskutieren lassen. Der Fettanteil steigt, die Muskelmasse sinkt, der Energiebedarf nimmt ab. Dagegen gilt es anzutrainieren. Der ältere Mensch befindet sich nicht mehr im Wachstum, sondern eher in der Schrumpfungsphase. Dagegen scheint kein Kraut gewachsen zu sein. Der mitunter stärkere Appetit wird von einem Heißhunger ergänzt, der sich vorwiegend in den späteren Abendstunden meldet. Er verlangt nach etwas Deftigem und anschließend nach Süßigkeiten. Das ist auch umgekehrt oder wechselweise denkbar. Dabei ist der Zeitpunkt außerordentlich ungünstig und der Figur nicht zuträglich, zumal der Tagesbedarf an Lebensmitteln über die Nahrungsaufnahme bereits abgeschlossen worden ist. Gibt man diesem Verlangen nach, folgt darauf die Reue.

Die Wissenschaft berichtet in diesem Zusammenhang auch von zurückgehendem Appetit bei älteren Menschen. Ursächlich dafür können Probleme mit dem Kauen, Vereinsamung oder verlangsamte Magenentleerung und Verdauung sein. Fakt ist: Wir sind gehalten, unsere Nahrungsaufnahme zu überprüfen und altersentsprechend einzustellen. Das ist Grundvoraussetzung für Vitalität im Alter.

Angebot und Nachfrage nach Nahrung geraten bei älteren Menschen auch aus anderen Gründen aus der richtigen Balance: Das Durstgefühl lässt nach. Es fällt zunehmend schwerer, die empfohlenen drei Liter Flüssigkeit am Tag aufzunehmen. Ausnahme stellen hierbei lediglich Männer an den Tagen dar, an denen der Stammtischbesuch vorgesehen ist. Da wird schon einmal der doppelte Tagesbedarf heruntergespült. Unter „normalen“ Umständen ist das sogar gut. In diesem Fall fällt allerdings die Wahl der Getränke weniger auf Wasser, ungesüßte Kräuter- oder Früchtetees sowie stark verdünnte Obst- oder Gemüsesäfte, sondern eher auf alkoholische Getränke. Die wiederum sollen nach ärztlicher Empfehlung eher selten konsumiert werden. Auch meldet nicht jeder Körper bei alkoholischen Getränken, dass der Grenznutzen bereits überschritten ist. In diesem Fall schadet eine weitere Flüssigkeitszufuhr.

Zu den wichtigen Regeln für eine gesunde Ernährung gehört es, Gemüse zu bevorzugen. Gemüse ist allerdings eng definiert. Unzutreffend ist die frei nach Frank Zappa, dem amerikanischen Musiker und Komponisten, bevorzugte Gemüseauswahl: „Tobacco is my favorite vegetable.“ Der hatte in dieser Hinsicht seinen eigenen Kopf und blieb zeitlebens Kettenraucher. Zwar scheute er offenbar nicht nur das „wirkliche“ Gemüse und aß stattdessen Hotdogs, sondern mied auch den Alkohol. Gleichwohl starb er mit nur 53 Jahren an Krebs.
Gemüse auf Speisekarten in Restaurants ist nicht gleich Gemüse. Manche Grünkohlplatte besteht mit Bauchfleisch, Bregenwurst, Kassler und Schweinespeck zunächst einmal reichlich aus Fleisch, was nicht unbedingt sein müsste. Natürlich ist das auch eine Geschmacksfrage. Auch das gesunde Brot ist hauptsächlich dann eine Empfehlung, wenn es aus Vollkorn

besteht. In Deutschland werden dagegen sehr viel Weizentoasts, Brötchen und ähnliche leicht kaubare Brotprodukte verkauft. Sicherlich auch an uns. Nachdenkenswert.

Was braucht der Körper sonst noch?
Eiweiß bleibt auch im Alter wichtig – Stichwort Muskulatur. Die sollte auf jeden Fall noch vorhanden sein und möglichst durch angemessenen Kraftsport erhalten werden. Schauen Sie vielleicht auch noch einmal in mein Kapitel „Fitness im Studio als Volkssport für Senioren“ und verlieren Sie die Berührungsängste. Sie treffen dort Menschen mit den genau gleichen typischen Kraftdefiziten und Schmerzproblemen.
Fett gehört in gutes Essen, aber mit Augenmaß und das richtige Fett. Mein Hausarzt hatte mir vor längerer Zeit bereits ganz allgemein mediterrane Kost empfohlen. Dem komme ich nach, zumal ich ein Freund der italienischen und auch der spanischen Küche bin. Als Öl kommt daher überwiegend Olivenöl zur Verwendung.
Schließlich sind Gewürze aus Kräutern besser als zu viel Salz. Auch mit Zucker gilt es, sehr vorsichtig umzugehen. Salz und Zucker sind darüber hinaus vielfach versteckt in Ketchup, Soßen oder Fertiggerichten aus Dosen, weshalb diese Bausteine eher vernachlässigt werden sollten. Gegen Ketchup, der selbst hergestellt wurde, spricht hingegen nichts.

Empfehlungen über gesundes Essen und Trinken gibt es in rauen Mengen.
Kleines Beispiel: „Sie vergessen, genug zu trinken? Stellen Sie sich morgens die Trinkration für den Tag bereit. Dann behalten Sie immer den Überblick!“
Die Empfehlung gilt nicht nur für diejenigen, die zu wenig trinken. Auch bei denen, die zu viel und dabei weniger empfohlene Getränke zu sich nehmen, gibt es wichtige Regeln: Neh-

men Sie aus der Kiste Bier einfach ein paar Flaschen heraus. Einen Biertrinker von der Schädlichkeit seines Lieblingsgetränks zu überzeugen, wird dagegen schwer. Er verweist sofort auf die bewusste Vermeidung zuckerhaltiger Limonaden, da diese auf die Dauer besonders schädlich seien.

Als weitere positive Anregung gilt das eigenständige Kochen unter Verzicht auf alle Fertigprodukte und Konserven. Wenn frische Zutaten verwendet werden, essen Sie immer das Richtige. So sollte doch nichts schief gehen. Diverse Kochsendungen im TV sind der Garant für viele selbst hergestellte Gerichte. Aber nicht immer funktioniert das auch. Dort wo Profis kochen, ist der Laie schon mal überfordert. Als Lösung bietet sich dann das gemeinsame Kochen mit dem Partner an ..., sofern man sich dabei verträgt.
Diese Form der Zusammenarbeit kann problematisch werden und in einem Fiasko enden, wenn dabei unterschiedliche Vorstellungen über die Detailfragen der Zubereitung aufeinanderprallen. Das fängt an beim korrekten Halten des Schneidemessers über das Würfeln einer Zwiebel bis hin zur Heizstufe der Bratpfanne. Daher ist es sinnvoll, vorab zu klären, wer beim konkreten Kochvorgang das Sagen hat. Andernfalls droht nicht nur das gemeinsame Kochen zu scheitern. Es gibt an diesem Tag auch nichts zu essen.

Ist getrenntes Kochen vereinbart, zum Beispiel weil es gemeinsam nur Streit gibt, bleibt der Küchenchef allerdings auch auf sich allein gestellt. Es offenbaren sich schonungslos fehlende Kenntnisse. Die meisten Männer sind in der Lage, nur etwa zwei Gerichte weitgehend fehlerfrei zuzubereiten. Also stellt der Mann die beiden Gerichte zur Auswahl, die er glaubt zu beherrschen, also etwa Rührei und Fischstäbchen aus der Tiefkühlpackung. Kommt beides aus unterschiedlichen Gründen nicht in Betracht, so ist guter Rat teuer, aber der Mann auch von der Pflicht zu kochen befreit. Wer nicht kochen kann, wird auch nicht dazu gezwungen. Ist besser so.

Ich selbst beherrsche wirklich die Zubereitung zweier Gerichte recht gut … Nein, nicht die Obengenannten! Wirklich frisch gekochte Menüs. Darüber hinaus wäre es ein Experiment mit offenem Ausgang, mich kochen zu lassen. Auch wenn von diversen Kochsendungen einiges hängen geblieben ist, habe ich fürs Kochen nicht wirklich eine Leidenschaft entwickelt.

Aus Gründen der Abwechslung bin ich daher nicht so oft gefragt. Und immer dann, wenn eine Aussprache droht, bei der es heißt, ich könnte doch mal … ja, dann lade ich meine Frau zum Essen ins Restaurant ein. Nicht selbst gekocht – aber selbst bezahlt!

Falls Sie allein leben, so können Sie all das mit Ihrer Nachbarin/Ihrem Nachbarn oder Sportfreund/in ausprobieren. Die Lust am gemeinsamen Essen teilen viele. Und es fördert Kontakte.

Die Ökobilanz der Senioren

Auf den ersten Blick schließen sich die beiden Begriffe „Öko“ und „Senioren“ aus. War das nicht auch Ihre erste Reaktion auf diese Überschrift? War doch mit dem Begriff „Öko“ immer etwas verbunden, was für junge Leute stand, die überdies etwas alternativ über Lebensformen, den Umgang miteinander und das Verhältnis zu den politischen Köpfen dieses Landes dachten. Soweit richtig. Nur, dass die inzwischen auch in die Jahre gekommen sind. Vor inzwischen 40 Jahren, nämlich 1980 zogen die Grünen in den Bundestag ein. Sie waren die ersten Vertreter einer stärker ausgeprägten ökologischen Einstellung zu den Dingen, insbesondere zu Schadstoffen durch Industrie und Fahrzeuge, Atomstromgewinnung, Fleischkonsum und vielen weiteren „alternativen“ Dingen. Inzwischen ist daraus das Thema „Ressourcenverbrauch“ geworden. Und das Ziel lautet: Schutz der natürlichen Lebensgrundlagen unseres Planeten. Denn wir beuten unseren Planeten aus. Rohstoffe sind endlich.

Aber wer von uns ist das denn? Wir Mittelalten bis Älteren doch eher nicht, oder ...?! Unsere Ökobilanz kann so schlecht nicht sein. Wir sind als Generation der Babyboomer aufgeklärt und – siehe oben – seit 1980 in Sachen Umweltbewusstsein sensibilisiert. Wir verhalten uns korrekt und praktizieren eine strikte Mülltrennung, wobei zwischen Eigen- und Fremdwahrnehmung bei dem einen oder anderen Zeitgenossen eine Diskrepanz festzustellen ist. Gleichwohl: Wir machen vieles richtig und sind davon überzeugt. Aber stimmt das auch? Verhalten wir Senioren uns umweltbewusster als alle anderen? Machen wir einen Check:

Per Definition versteht man unter einer Ökobilanz die Auswirkungen unterschiedlicher Produkte auf die Umwelt. So sollen

Umweltwirkungen sichtbar gemacht werden. Und natürlich lassen sich dadurch Vergleiche ziehen. Zum Beispiel bei den Verkehrsmitteln. Fahre ich also mit Bahn, Bus oder Auto zur Arbeit, entstehen unterschiedliche Umweltauswirkungen. Hauptsächlich problematisch ist dabei der Individualverkehr, also das Fahren mit dem Auto. Fahrgemeinschaften waren so eine Idee für – oder besser gegen die hartnäckigen Autofahrer. Nur findet man nicht immer einen geeigneten Partner mit gleicher Strecke und gleicher Arbeitszeit. Außerdem ist gemeinschaftliches Autofahren in der Corona-Pandemie eher ein Risiko für die eigene Gesundheit. Gleiches gilt für öffentliche Verkehrsmittel. Senioren im Ruhestand fahren dagegen überhaupt nicht zur Arbeit, es sei denn, sie arbeiten noch freiwillig weiter. Da diese Zahl eine Minderheit darstellen dürfte, gibt es an dieser Stelle einen Punkt für die Senioren für die Wahl des optimal-ökologischen Verkehrsmittels. Wer gar nicht fährt, belastet auch nicht die Umwelt. 1:0 für uns.

Alle Volkswirtschaften streben nach Wachstum. Wirtschaftswachstum ist ein Wohlstandsindikator und lässt die Zufriedenheit in der Bevölkerung steigen. Umgekehrt wird argumentiert, die permanente Expansion der Produktion beeinträchtige die Lebensgrundlagen unseres Planeten und sei daher umweltschädlich. Ständiger Konsumzuwachs könne kein erstrebenswertes Ziel sein. Dieser These folgen nicht wenige Senioren bei ihrer Bekleidung, tragen sie doch noch Erbstücke ihrer Großväter auf. Kleidung, bei der „das Gute noch nicht von weg“ ist. Dabei stehen modische Fragen zunächst einmal hinten an. Wenn das alte Sakko optisch von der in die Jahre gekommenen Sofagarnitur kaum noch zu unterscheiden ist, stimmt auf jeden Fall die Ökobilanz! 2:0 für die Senioren.

Dass die natürliche Wasserverteilung auf unserem Planeten ungerecht ist, weil das Trinkwasser in einigen Regionen gar nicht oder nur kaum vorkommt, stellt die Menschheit schon länger vor Probleme. Und die werden zunehmen, wenn die prognostizierte Klimaerwärmung erste deutliche Auswirkungen erkennen lässt. Fatale Folgen und Kriege um Trinkwasser werden von Wissenschaftlern bereits seit längerer Zeit vorhergesagt. Viele Senioren verhalten sich in dieser existenziellen Frage ökologisch verantwortlich, indem sie das Trinken auch entgegen ärztlicher Ratschläge deutlich reduzieren oder nahezu einstellen. Dabei kommt ihnen das nachlassende Durstgefühl entgegen. Interessant dabei ist, dass sie auf Vorhalt ihrer Angehörigen „Hermann, Du trinkst zu wenig“ regelmäßig nicht widersprechen. Vermutlich ist ihnen noch in Erinnerung, dass sie zu Zeiten regelmäßiger Stammtischbesuche in der Kneipe nach Rückkehr stets den umgekehrten Vorwurf ertragen mussten, nämlich dass sie zu viel getrunken hätten. Verwirrung könnte also hier der wahre Grund für bewusst ressourcenschonendes Verhalten der Senioren sein. Es ist aber auch verwirrend. Entweder trinke ich zu wenig oder zu viel … Wer bitte soll da noch durchsteigen?! 3:0 für die Ökobilanz der Senioren, es sei denn, sie trinken heimlich.

Das Rauchen haben wir uns schon lange abgewöhnt. Aus gesundheitlichen Gründen, Einsicht, aus finanziellen Gründen oder weil es schlicht keinen „Kick“ mehr brachte. Viele von uns brauchten dazu noch nicht einmal den ärztlicherseits erhobenen Zeigefinger. Nun ist Zigarettenrauch nicht unbedingt der größte Klimakiller, aber der Verzicht auf die Kippen senkt auch das Wirtschaftswachstum und hat daher einen doppelt positiven Effekt – siehe oben. Die Raucher sind eher die Jüngeren. Damit steht es 4:0.

Beim Stromverbrauch gibt es einen ersten Minuspunkt für Senioren. Er steigt im Alter. Medizinische Geräte, die den Alltag erleichtern und einige Lifestyle-Artikel, wie etwa die günstige

Rheumadecke und der Saugroboter sind alles, nur nicht klimafreundlich. Der Pürierstab zum Zerkleinern unverdaulicher Nahrung kommt mit zunehmendem Alter auch öfter zum Einsatz. Es steht nur noch 4:1 für die Ökobilanz der Senioren.

Leider frieren wir auch mehr als früher. „Ältere Menschen sind oft sehr temperaturempfindlich und frieren gerade im Winter häufig. Das liegt auch daran, dass sie sich weniger bewegen, was sich wiederum negativ auf die Durchblutung auswirkt.

Außerdem haben sie oft weniger Fettgewebe in der Unterhaut und weniger Muskelmasse – das trägt ebenfalls dazu bei, dass Senioren eher kalt ist". So ein Statement von Christine Eichler, Chefärztin des Evangelischen Zentrums für Altersmedizin in Potsdam.
Tatsächlich saßen wir in jungen Jahren ohne Probleme bei 19 Grad im Wohnzimmer. Eine Temperatur, die uns heute fast schon im Schlafzimmer zugedeckt frösteln lässt. Fürs Wohnzimmer ist sie inzwischen undenkbar geworden. Unter 23 Grad stellt sich inzwischen kein Wohlgefühl ein. Unsere alten Häuser, in denen wir wohnen, heizen überwiegend mit fossilen Brennstoffen und sind überdies nicht optimal wärmegedämmt. Auch das ist eher nicht förderlich für das Klima. Das bringt uns einen weiteren Minuspunkt ein. Nun steht es 4:2 in unserer Ökobilanz.

Wir fahren vielleicht nicht mehr täglich zur Arbeit, wohl aber besitzen wir ein Auto. Einige leisten sich auch jetzt noch den bequemen Zweitwagen. Wenn die Füße keine langen Wege mehr gehen wollen, kommt das Auto zum Einsatz. Die Elektromobilität ist auf dem Vormarsch, hat uns aber noch nicht wirklich erreicht. Probleme mit dem Laden von Elektroautos und unzureichende Ladekapazitäten sind auch nicht gerade seniorenfreundlich. Aber wir fahren keinen SUV, die Klimasünde in der aktuellen Diskussion. Den brauchen wir nicht, weil wir keine Kinder mehr an Bord haben und der bequeme Zweisitzer ausreicht. Wenn das Enkelkind mitfährt, reicht das auch noch aus. In diesem Punkt gibt es ein Unentschieden.

Und wie sieht es nun mit der Mülltrennung aus?
Ein Thema, das gern verdrängt wird. Auf den ersten Blick fällt in Seniorenhaushalten durchschnittlich weniger Müll an. Die Erfahrung mit Entrümpelungen zwecks Haushaltsauflösung zeigt dagegen, dass das nur die halbe oder die verdeckte Wahrheit ist. Es wird im Leben älterer Leute enorm viel gesammelt und nichts weggeworfen. Eine Folge der immer noch nachwirkenden Erziehung durch die Kriegsgeneration unserer Mütter und Väter. Hamstern, stapeln, sammeln. Die Keller sind voll. Deshalb hier noch einen Minuspunkt für die Senioren, so lange die Sammelwut anhält.

Vorläufiger Endstand: 4:3 für die (positive) Ökobilanz der Senioren. Es gäbe manches zu verbessern, aber wir sind es nicht, die sich in allen Punkten klimaschädlich verhalten.

Die Uhr zurückdrehen

Ich weiß nicht genau, wann ich das Bedürfnis zum ersten Mal spürte. Ich würde die Uhr zurückdrehen und ein bestimmtes Ereignis oder eine Zeitepoche löschen oder verändern. Es gibt immer Dinge im Leben, die man später bereut. Je älter man wird, desto wahrscheinlicher ist das. Dabei meine ich nicht die kleinen Sünden einzelner Tage, zum Beispiel, wenn ich bei einer Feier den dritten und alle nachfolgenden Schnäpse leider nicht ablehnen konnte, was sich spätestens am nächsten Tag als ein Fehler herausstellte. Klar, auch das würde ich ändern. Wenn es aber danach geht, so hätte ich jede Woche irgendein Ereignis oder eine meiner früheren Entscheidungen zu bereuen. Die meisten meiner wöchentlichen Fehlentscheidungen sind allerdings harmlos in den Auswirkungen, sodass es sich nicht lohnt, darüber nachzudenken. Kleine Fehlentscheidungen gehören zum Leben dazu. Sie zu ignorieren ist möglich, indem ich beginne, meine richtigen Entscheidungen dagegen aufzurechnen. Anschließend lehne ich mich beruhigt zurück und konstatiere: In der Summe war vieles richtig. Möglicherweise verkläre ich einiges dabei im Nachhinein. Aber die großen Fehler, die sehe ich.

Der Ausspruch „Ich wäre gern noch einmal 20 Jahre alt und so schlau wie heute" kommt wohl auch von dem Wunsch, die Uhr zurückzudrehen und einiges im Leben zu korrigieren.
Die schulische Entwicklung gehört zu diesen Bereichen mit Korrekturbedarf. Meine langjährige Dozententätigkeit führte zu einer intensiven Auseinandersetzung mit Wirtschaftlichkeitsprinzipien. Das ökonomische Prinzip kennt das Minimal- und Maximalprinzip. Besonders die Formel des Maximalprinzips ist für mich immer wieder präsent. Danach wird angestrebt, mit gegebenen Möglichkeiten ein maximales Ziel zu erreichen.

Wenn ich mich also frage, ob ich mit meinen Möglichkeiten im Leben das Maximum in beruflicher Hinsicht erreicht habe, so ist das klar zu verneinen. Das Abitur auf dem Gymnasium nicht geschafft und einen zweiten Bildungsweg eingeschlagen zu haben, führte zu einer gänzlich anderen Berufsentscheidung, als die, die meinen Möglichkeiten angemessen entsprochen hätte. Meine künstlerischen Begabungen waren schon früher erkennbar gewesen. Musik, Schauspiel, Sprache und Moderation gehörten immer zu meinen Stärken. Ein Studium mit diesen Schwerpunkten hätte ich mir vorstellen können. Andererseits gibt es besonders in diesen Bereichen keine Überlebensgarantie und für viele mit enormen Begabungen keine finanziell auskömmlichen Jobs. Vermutlich hätte ich mich daher im ersten Bildungsweg eher für den Bereich Sprache/Journalismus entschieden, wenn es so gekommen wäre.

Meine frühen Berufswünsche waren daher nicht etwa Feuerwehrmann oder Lokomotivführer, wie bei so vielen von Ihnen möglicherweise. Mich faszinierten eher die Tätigkeiten eines Tagesschausprechers oder die der Schauspieler.

Das Leben hat mir ab dem 13. Lebensjahr jedoch zunächst einmal einen Strich durch die Rechnung gemacht. Schulische Belange traten nicht nur in den Hintergrund, sie wurden schlicht sträflich vernachlässigt. Ob es mit der Pubertät zusammenhängt, spielt heute keine Rolle mehr. Die Lehrer attestierten mir, keine Lust am Lernen zu besitzen, was für eine Zeit lang zutraf und mich auf andere Wege brachte.
Heute weiß ich nicht mehr exakt, wie ich damals damit umgegangen bin. Es war mir eine gewisse Zeit nicht wichtig gewesen. Ich war wohl viel zu verträumt, was mir auch viele bescheinigten. Eher introvertiert und mit mir selbst beschäftigt. Das hemmte meine Leistungsbereitschaft für einige Jahre,

wenngleich das Leistungspotenzial dagewesen ist.

Eine Beamtenlaufbahn einzuschlagen, entsprach daher anfangs so gar nicht meinen Neigungen, war aber aus heutiger Sicht eine nicht ganz falsche Entscheidung. Immerhin brachte sie Ordnung und eine Struktur in mein Leben, was rückblickend betrachtet durchaus nötig war. Ich lernte, Geld zu verdienen und damit wirtschaftlich umzugehen. Eine Basis, mit der ich die künstlerische Phase in späteren Jahren wieder aufleben lassen konnte. Der Künstler, der kein Geld verdient, wird seine Kunst nicht dauerhaft am Leben erhalten können. Da ich bis heute keinerlei größere Begeisterung für technische oder naturwissenschaftliche Fragen in mir spüre, war eine „Bürolaufbahn“ der vorgezeichnete Weg und die wohl richtige Alternative.

Mein Freizeitverhalten entsprach dem meiner Generation. Wir hatten in den 70er-Jahren kein Handy und keinen Computer. Unsere Generation Babyboomer war kinderreich und so trafen wir uns mit Gleichaltrigen dort, wo die Eltern nicht in Sichtweite waren. Straßenfußball war beliebt und die sozialen Kontakte vielfältig. Die erste Zigarette sehr früh, die erste Flasche Bier auch, weil die Gelegenheit günstig war und die älteren Geschwister der Freunde es vorlebten. Rauchen war total cool. Es gab wohl damals keinen, der es nicht probiert hatte. Trotz meiner sehr frühen Kontakte mit Zigaretten wurde ich nie ein „richtiger“ Raucher. Nachdem ich mit 10 oder 11 Jahren begonnen hatte zu rauchen, hörte ich zwischendurch immer mal wieder damit auf. Kettenraucher wurde ich nie. Mit Anfang 20 war ich eher Gelegenheitsraucher und mit 25 Jahren rauchte ich meine letzte Zigarette, als unser erstes Kind unterwegs war. Es passte, denn auch meine Frau musste ja dadurch das Rauchen einstellen. Ich fing danach nie wieder an. Sie rauchte bei

Feierlichkeiten später gern mal ein paar Zigaretten mit Freundinnen, aber nur sehr sporadisch. Wie die meisten Ex-Raucher bin ich heute ein leidenschaftlicher Nichtraucher, den schon allein der Geruch nur einer Zigarette das Weite suchen lässt. Ich meide alle Räumlichkeiten, in denen geraucht wird. Als Musiker, der gelegentlich in Gaststätten auftritt, habe ich damit einen Wettbewerbsnachteil. Aber das ist mir egal.

Ich galt immer als sportlich und war zeitlebens schlank. Heute sicherlich nicht mehr gertenschlank, aber eben auch nicht übergewichtig. Die Fußballbegeisterung trieb uns in die Sportvereine. 1974 war Deutschland Weltmeister geworden. Ich trat mit 19 Jahren sehr spät einem Sportverein bei. Sechs Jahre spielte ich Fußball. Eine hohe Spielklasse erreichte ich nicht. Wir spielten auf Kreisebene. Den Traum vom Profifußball träumten nur wenige. Talent und Leidenschaft reichten dafür nicht aus.
Als Boris Becker 1985 Wimbledon gewonnen hatte, hörte ich gerade mit dem Fußball auf. Nicht deswegen, eher wegen der zu gründenden Familie und wegen des Studiums. Meine Frau war schwanger und ich auf beruflich neuen Wegen. Sportlich begann ich zum Ausgleich mit Tennis. Der Tennisboom hatte mich erreicht.

Rückblickend betrachtet habe ich mich offensichtlich schon immer von populären Disziplinen angeregt gefühlt. Fußball, Tennis, Musik und die entsprechenden Vorbilder – um nicht zu sagen Idole – trieben mich offenbar an, es ihnen nachzutun.

Die Medienlandschaft in dieser Zeit war überschaubar: Drei Fernsehsender teilten sich das Programm bis zum Sendeschluss irgendwann in der Nacht. In den späten 80er-Jahren kamen RTL und Sat1 dazu, aber es gab immer noch kein Internet, kein Multimedia.

Während Sport immer nur temporär für mich interessant war, blieb es die Musik zeitlebens. Das Niveau, auf dem ich Instrumente spielte und selber Musik schrieb, verbesserte sich kontinuierlich in den Jahren.
Was mir als Kind fehlte – der klassische Klavierunterricht oder das Saxophon, brachte ich mir mithilfe der populären Musik selbst bei. Eine frühkindliche Förderung hätte das Ganze sicher forciert und mich vielleicht auch auf ein anderes Niveau gehoben. Wer weiß ... Jedoch muss gute Musik nicht zwangsläufig kompliziert sein.
Heute immer noch musikalisch dabei zu sein, Ziele zu haben und auf mehr als 150 eigene Musikstücke und drei veröffentlichte CDs zurückblicken zu können, ist eine ordentliche Bilanz, auch wenn der sogenannte Durchbruch noch auf sich warten lässt.

Weitere Ansätze, die Uhr zurückzudrehen, sehe ich nicht. Ich schaue mehr nach vorn, so lange ich das kann und Ziele habe.
Viele Entscheidungen waren aus heutiger Sicht richtig und das Leben hat mich eigentlich auch ganz ordentlich behandelt. Natürlich ist Gesundheit das Wichtigste. In diesem Punkt habe ich außer den berühmten und altersbedingten kleinen Zipperlein noch nichts zu jammern. Grund genug, das Leben zu genießen, und sich nicht zu sehr mit Fragen nach ewig gestrigen Problemen und der heutigen Weitsicht darauf zu beschäftigen.
Es ist eine allgemeine Floskel. Aber sie hat einen Wahrheitsgehalt. „Hinterher ist man immer schlauer“. Warum also „vorher“ so viele Gedanken machen ...?

Früher war alles besser – wirklich?

Es gibt nicht wenige, die das permanent behaupten. Aber war früher wirklich alles besser? Oder unterliegen wir einer Täuschung, die Psychologen erklären könnten? Warum sind wir so sehr versessen darauf, alte Sachen zu sehen, zu hören, uns in Erinnerung zurückzurufen, dass es fast eine Sucht ist?
Angefangen bei alten Filmen, Musik aus der Jugendzeit, über Mode vergangener Zeiten und wiederkehrende Wohneinrichtungen, die jahrelang verpönt waren. Vornamen unserer Großmütter und Großväter werden plötzlich wieder neugeborenen Kindern gegeben. Alte Autos haben längst höhere Preise als neue Modelle, wenn sie nur alt genug sind.
Verrückte Welt.

Was die Medienwelt angeht, können viele nicht mehr folgen. Besonders Menschen in der zweiten Lebenshälfte haben Probleme, sich mit allen Trends, technischen Neuheiten, angesagter Musik, Sprach- und Modebegriffen anzufreunden. Für sie ist es eine Art Flucht in die Vergangenheit. Dort, wo Bekanntes vorherrscht und wo es keine Barrieren gibt, die sie nicht mehr begreifen können oder wollen. Mit Retro-Trends hat das bei ihnen eher weniger zu tun. Nennen wir es fortschrittsfeindlich. So zumindest deuten es Medienwissenschaftler und Psychologen. „Es ist das Alt-Bekannte, mit dem sie ihre Jugend und ihre geliebten Jugendsünden verbinden“, so eine psychologische Deutung.
Einflüsse, denen wir in der Jugend ausgesetzt waren, haben sich tief in unser Bewusstsein eingegraben. Sie steuern Empfindungen, Neigungen, Geschmäcker, Wohlbefinden und Abneigung. Neue Präferenzen sind dadurch nicht per se ausgeschlossen. Sie treten hinzu und verdrängen das eine oder andere liebgewonnene Element des früheren Lebens. Trotzdem

bleibt die Jugendzeit prägend und macht einen Teil dieser Aussage zum persönlichen Wahrheitsserum.

Je älter wir außerdem werden, desto weiter können wir zurückschauen. Dabei verklären wir so manches. Rückblickend betrachtet erscheint Schlimmes nicht mehr so schlimm oder war Durchschnittliches wirklich gut. Bleiben uns also nur positive Erinnerungen? Klassisches Beispiel ist die frühere DDR. Selbst wer als früherer DDR-Bürger extrem unter manchem zu leiden hatte in diesem Staat, entdeckt plötzlich, dass „nicht alles so schlecht war".

Dabei unterliegen wir einem Irrglauben, zumindest in Teilen. Wenn wir die finanzielle oder wirtschaftliche Seite, also den Wohlstand, betrachten, passt das Bild so gar nicht mehr. Es gibt genug statistische Erhebungen, die zweifelsfrei belegen, dass wir uns heute mehr leisten können, als das noch vor Jahrzehnten bei den anderen Generationen der Fall war. Natürlich im Durchschnitt. Einzelne Bevölkerungsschichten mehr, andere weniger.

Woher kommt also die Kluft zwischen der Realität und dem Empfinden der Menschen? Ein wahrscheinlicher Grund dafür ist die Berichterstattung in den Medien, die sich heutzutage bestimmten Themen stärker annehmen als früher. Beispielsweise der Kriminalität. Die Kriminalitätsraten gehen in einigen Bereichen zurück. Krasse Einzelfälle in reißerischer

Berichterstattung vermitteln dagegen den Eindruck, in Deutschland zu leben sei heute gefährlicher als früher. Dazu kommt ein allgemeiner Pessimismus, der die Menschen umtreibt. Wenn Sie einen Bekannten auf der Straße treffen und Sie ihn fragen, wie es ihm gehe, so lautet die Antwort häufig: „... geht so ...", oder „... muss ja ..."

Und sein Einkommen sei „zum Leben zu wenig, zum Sterben

zu viel." Aber ist das wirklich so? Vom US-amerikanischen Psychologen Abraham Maslow (1908–1970) wissen wir etwas über die Bedürfnishierarchie des Menschen. Seine Bedürfnispyramide besagt unter anderem sinngemäß, dass der Mensch nach Befriedigung seiner elementaren Grundbedürfnisse die nächsthöhere Stufe der Bedürfnisbefriedigung anstrebt, die Kulturbedürfnisse und schließlich die Luxusbedürfnisse. Eine Zufriedenheit bei der Bedürfnisbefriedigung tritt allenfalls kurz ein, nachdem eine Bedürfnisstufe erreicht wurde. Kurz darauf strebt der Mensch die nächsthöhere Stufe an. Dauerhafte Zufriedenheit tritt nie ein, weil die oberste (nächsthöhere) Stufe von der überwiegenden Mehrheit der Menschen nie erreicht werden kann.

Fakt dagegen ist:

Gesundheit, Lebenserwartung, Bildung und Einkommen haben sich in Deutschland positiv entwickelt. Genau deshalb gibt es die Gruppe der Menschen im Herbst ihres Lebens, die sich über Fragen ihrer Zukunft Gedanken machen.

Aber auch die Art der Fragestellung spielt eine Rolle. Und die Medienmanipulation. Nachrichtensendungen sind geprägt von Katastrophenmeldungen. Das prägt. Da bleibt was hängen. Das Gegenteil im uns noch bekannten Fernsehen der DDR waren Jubelmeldungen über Errungenschaften des Sozialismus und die tägliche Übererfüllung vorgegebener Produktionsmengen der Staatswirtschaft. Abgesehen von der Glaubwürdigkeit dieser Darstellungen war dies eine nur einseitige Stimmungsmache des gleichgeschalteten Fernsehens der DDR – und ebenso wenig in Übereinstimmung mit der Wirklichkeit.

Auf die Frage: „Wollen Sie lieber in den 80er-Jahren leben?", antwortet sicher so mancher mit „Ja" und denkt an positive Erinnerungen, Musik, Jugendzeit, Unbeschwertheit. Dass die

80er-Jahre aber auch für die noch bestehende deutsche Teilung, den Kalten Krieg, das Waldsterben und die Probleme mit der Reaktorkatastrophe von Tschernobyl, um nur einige Beispiele zu nennen, stehen, wird vielfach dabei ausgeblendet.

Der Psychologe Steven Pinker und der Mediziner Hans Rosling verweisen in ihrem Artikel vom 25.09.2018 auch auf dieses Phänomen: „Rosige Retrospektion" nennen Psychologen diese Tendenz, die Vergangenheit durch die rosarote Brille zu sehen. Sie gehört in die lange Liste kognitiver Verzerrungen, die unsere Wahrnehmung, unser Denken und eben auch unsere Erinnerung systematisch verfälschen". Zahlreiche Studien zeigten dagegen: Gerade im Rückblick machen wir uns die Welt nach dem Pippi-Langstrumpf-Prinzip: Wie sie uns gefällt.
Gleichzeitig sprechen sie auch die Bedürfnisbefriedigung und das Streben nach immer mehr Wohlstand an:
„Ein neues Haus oder Auto, eine Beförderung im Job machen uns zwar kurzfristig zufriedener. Doch bald nehmen wir diesen Zustand als gegeben und sind ebenso unzufrieden wie zuvor. Diese Unzufriedenheit im Privaten erschwert es weiter, positiven Wandel in der Gesellschaft zu würdigen. Erschwerend kommt die soziale Ungleichheit hinzu, die in so vielen Ländern der Welt stark zunimmt: Wer in Beverly Hills/Kalifornien keinen Porsche fährt, zählt sich bereits zu den Unterprivilegierten".

Wie gehen wir also damit um?
Vermutlich nicht entspannt genug. Schauen wir stärker auf das Erreichte und genießen wir die zusätzlich zur Verfügung stehende Zeit und die Mittel, die uns gegeben sind. Und klammern wir uns nicht an die Scheinlogik eines Modespruches. Bei genauerer Betrachtung war früher nicht alles besser.

Gnadenlose Lebenserwartung und was Sie daraus machen können

Die Statistik ist eindeutig. Unsere Lebenserwartung steigt. Nach Zahlen des Statistischen Bundesamts beträgt die durchschnittliche Lebenserwartung für neugeborene Mädchen aktuell 83,4 Jahre und für neugeborene Jungen 78,6 Jahre. Sind Ihre Eltern so alt geworden? Falls ja – Glückwunsch! Der Durchschnitt lag weit darunter.

Für uns Babyboomer, die wir in der Zeit von 1955-1969 geboren sind, sieht es im Durchschnitt betrachtet noch besser aus. Wer wie ich gerade das 60. Lebensjahr vollendet hat, bekommt als Mann noch 21,8 Jahre als Zugabe. Die aktuell 70-Jährigen unter den Männern haben noch 14,4 Jahre zu erwarten und wer jetzt 80 Jahre alt ist, lebt noch 8,1 Jahre.
Bei den Frauen sieht es wie immer noch etwas besser aus: 60-Jährige unter ihnen werden 85,4 Jahre alt, 70-Jährige halten bis 87 durch und die jetzt 80-Jährigen dürfen sich teilweise noch auf den 90. Geburtstag freuen. Hoffentlich bei guter Gesundheit!

Im Unterschied zu den im Deutschen Reich um 1871 geborenen Frauen und Männern hat sich die durchschnittliche Lebenserwartung verdoppelt. Die Gründe dafür liegen im Wesentlichen an dem Fortschritt in der medizinischen Versorgung, Hygiene, Ernährung und Wohnsituation sowie in den verbesserten Arbeitsbedingungen. Unsere Gesundheitsversorgung war noch nie so gut wie jetzt. Selbst die Corona-Pandemie, die zwar ein schwieriges globales Problem darstellt, bedroht (bis jetzt) nicht ernsthaft unseren Bestand oder stellt die Statistiken infrage. Dazu kommt zu der steigenden Lebenserwartung eine gleichermaßen steigende Lebensqualität – wohlgemerkt, alles im Durchschnitt betrachtet. Dass wir seit 75 Jahren keinen Weltkrieg mehr erleben mussten, hat ein gutes Stück dazu beigetragen.

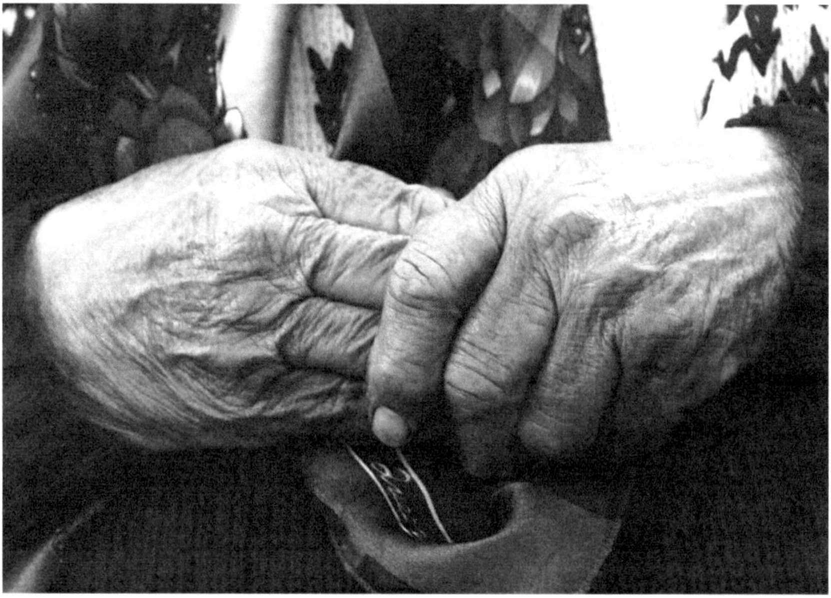

Wir leben also noch eine ganze Weile und können den Ruhestand länger genießen, als die Generationen vor uns.
Dafür müssen wir auch das Problem lösen, wie wir die mehr gewordenen Jahre mit Inhalten und einer möglichst dankbaren Erfüllung gestalten.

„Auf Sicht fahren“ lautet die Devise, die man in diesen Tagen öfter hört. Sie meint Schritttempo, überschaubare und nicht zu lang ausgerichtete Planungen, Vorsichtsprinzip und ähnliche Definitionen dazu. Die Empfehlung richtet sich derzeit an alle und hat mit der Corona-Pandemie zu tun. Lösen wir uns davon an dieser Stelle mal. „Auf Sicht fahren“ ist auch etwas, was

sich sehr gut auf die zweite Lebenshälfte übertragen lässt.
Planungen bedeuten auch immer irgendwie Stress. Ohne Planungen ergibt sich manche Überraschung, aber dadurch auch der Kick, nicht immer genau zu wissen, was noch kommt. Ich meine damit keinesfalls, jegliche Art von Planung zu unterlassen. Das wiederum kann auch zu unliebsamen Überraschungen führen. Es geht mehr darum, nicht zu sehr in langfristigen Kategorien zu denken und dabei das befreiende Element zu spüren. Ich muss nicht, wenn ich nicht will. Und was im nächsten Jahr passiert, ergibt sich und hat Zeit. Es reicht, wenn ich darüber nachdenke, wenn das Jahr begonnen hat. Das könnte eine Haltung sein.

Dabei kommt uns die momentane Corona-Pandemie, über die ich hier gar nicht schreiben wollte, sogar entgegen. Lässt sich doch im Augenblick weder der Urlaub im Ausland noch teilweise auch im Inland sicher planen. Gleiches gilt für jede Art von kulturellen Veranstaltungen, bis hin zum gewöhnlichen Kneipenbesuch. Wir fahren im Nebel – also auf Sicht.

Unsere Suche nach Lebensinhalten wird gegenwärtig eingeschränkt. Diese Suche nach dem, was alles gemacht werden sollte, wenn endlich mal die dafür notwendige Zeit zur Verfügung steht, korrespondiert nur leider nicht immer mit der erforderlichen Lust daran. Das Problem kennen Sie auch.
Renovierungsstau, Kellerentrümpelung, Gartenumgestaltung haben so lange gewartet. Um diese Arbeiten kommen Sie nur herum, wenn Sie das neue Hobby angehen, für das Sie ebenfalls endlich die notwendige Zeit gebraucht haben. Die Statistik gibt uns diese Zeit – im Durchschnitt der Bevölkerung betrachtet. Wir haben gnadenlos Zeit.

Der Ruhestand kommt im Allgemeinen nicht überraschend von

heute auf morgen. Was Sie jetzt tun wollen, konnten Sie sich einige Zeit vorher überlegen.
Nebenbeschäftigung mit Zusatzverdienst, Hobbys oder Reisen stehen da ganz oben auf der Beliebtheitsskala. Und natürlich das ehrenamtliche Engagement. Die Betreuung von Enkelkindern – sofern vorhanden – ergänzt den aktuellen Lebensabschnitt. Da werden der Keller und die Renovierungen wohl noch etwas warten müssen. Nicht schlimm. Ich kann auch damit warten, bis meine rheumatischen Erkrankungen mir eine Dauerausrede liefern.

Lebensinhalte helfen gegen altersbedingte Ängste. Suchen wir danach. Die Folge: Krankheiten, Einsamkeit, Bedeutungsverlust verschwinden aus der primären Wahrnehmung.
Berufe oder Berufungen ohne Verfallsdatum wie zum Beispiel die des Musikers sind ein Beispiel für erfolgreiches Verdrängen des Alters und der Beschäftigungslosigkeit. Die beiden verbleibenden Beatles Paul McCartney (78) und Ringo Starr (80) sind weiterhin aktiv. Warum auch nicht! Andere tun es auch.

Wichtig ist, dass Sie Ihren Nachbarn zeigen, wie beschäftigt Sie genau jetzt sind. Vielleicht neiden die Ihnen Ihren möglicherweise etwas vorzeitigen Ausstieg aus dem Berufsleben. Viele neigen ja dazu, Gerechtigkeitsdebatten immer dann aufzumachen, wenn ein Kollege, Freund oder Nachbar einen Euro fünfzig mehr in der Tasche hat oder 2 Jahre früher in den Ruhestand gehen konnte. Für sie ist das eine Unverschämtheit und stellt das gesamte Rentensystem infrage.

Ich allein bin das Universum … so denken leider viele. Geben Sie den Nachbarn falsche Signale, ziehen diese gnadenlos ihre Schlussfolgerungen daraus, und zwar zu Ihrem Nachteil.
Zeigen Sie sich also nicht zu oft mit der Bierflasche am Gar-

tenzaun. Mähen Sie maximal drei Mal die Woche Ihren spärlichen Rasen. Am besten nach jeder Düngung zuvor. Auch das Waschen Ihres Autos verfolgt der Nachbar mit Interesse und zählt mit, wie oft Sie das machen. Falls Sie Ihre Nachbarn beim gemeinsamen Frühschoppen treffen, können Sie alle Unklarheiten bei Bier und Korn besprechen. Der Nachbar braucht Erklärungen für Ihr Verhalten, sonst denkt er sich selbst etwas aus – und das ist meist weniger freundlich. Die Menschen denken ja vor allem dann negativ, wenn es ihrer Umgebung scheinbar besser zu gehen scheint als ihnen selbst. Auch das ist bisweilen gnadenlos. Die Gerechtigkeitsdebatte – wenn sie erst einmal losgetreten wurde.

Natürlich können Sie sich auch einmauern und alle Kontakte begrenzen. So ziehen sie sich zumindest keinen Zorn oder Neid der Nachbarschaft zu. Vielleicht bekommen Sie sogar Mitleid in Form neugieriger Anfragen, ob denn bei Ihnen alles in Ordnung sei. Man mache sich ja Sorgen. Am besten, Sie entschuldigen sich dann umgehend bei den fürsorglichen Nachbarn. Dafür, dass Sie noch leben und Ihren Nachbarn versehentlich nicht Bescheid gesagt haben.

Können wir das Alter(n) mit Humor nehmen?

Wir werden unaufhörlich älter. Besonders in der zweiten Lebenshälfte wird uns das immer wieder deutlich. Früher gab es Etappenziele, die es zu erreichen galt: Rauchen mit 16 Jahren, Führerschein mit 18 Jahren, Beamtenverhältnis auf Lebenszeit mit 27 Jahren … - Letzteres betraf nicht alle.
Aber weiter: Rathaustreppe fegen mit 30 Jahren, sofern man noch unverheiratet war, Gesundheitsvorsorge mit 35 Jahren, zumindest kam dazu die erste Ansage vom Hausarzt.
Alles danach ist nicht mehr so erstrebenswert gewesen: Wechseljahre, Vorsorgeuntersuchungen, Darmspiegelung, … zwischendurch vielleicht noch die silberne Hochzeit. Klappt auch, wenn man mit 30 Jahren noch die Rathaustreppe fegen musste. Vorruhestand und die bittere Erkenntnis, es kommt nicht mehr viel.
Wirklich?

Dazu die bittere Lebensbeichte des früheren Schauspielers und Moderators Joachim „Blacky" Fuchsberger, dem man natürlich abnahm, wenn er etwas zu sagen hatte. Ausgerechnet er, der im Leben so viel erreicht hatte, äußerte sich literarisch dazu wie folgt: „Altwerden ist nichts für Feiglinge." Der Titel seines Buches klingt aber schlimmer, als es gemeint ist. Der Schauspieler plaudert über die Blüte seines Lebens und darüber, wie es sich anfühlt, wenn sie langsam dahinwelkt. Er empfiehlt, „sich den Lebensabend nicht durch demographische Schwarzmalerei verderben zu lassen". Klingt in jedem Fall schon optimistischer und verträglicher. Ein Kollege seiner Zunft, der heute noch am Leben und vor allem aktiv ist, und der erst kürzlich seinen 85. Geburtstag feiern konnte, ist Dieter Hallervorden. Er ist noch immer Schauspieler, aber vor allem als Komödiant und Satiriker bekannt geworden. Seine Lebensweisheit ist ein kleines Wortspiel, in dem der „Ruhestand“ zum „Unruhestand“ umfunktioniert wird. Dieter Hallervorden kann mit einem Ruhestand im herkömmlichen Sinne offenbar nichts anfangen und umgibt sich mit reichlich Arbeit. Dabei kommt ihm zugute, dass er Kopf und Körper zeitlebens aktiv gehalten hat. Der von ihm bevorzugte Unruhe(zu-)stand führt in jedem Fall dazu, dass dies noch so bleibt und sein Leben im Alter ereignisreich und zufriedenstellend verläuft. Ein Erfolgsmodell.

Nun ist nicht jeder in der privilegierten Situation eines erfolgreichen Schauspielers, der lediglich die Probleme der leichten Unterbeschäftigung kompensieren und ansonsten keinerlei wirtschaftliche oder gesundheitliche Probleme mit sich herumtragen muss. Abgesehen davon, dass dieses Buch für diese Art Sorgen und Nöte auch keine Wunderheilung anbieten kann, so gibt es doch ein paar Möglichkeiten, die Gegenwart positiver wahrzunehmen.
Es reicht oftmals schon, das halbleere Glas noch als halbvoll zu betrachten. Nehmen Sie darüber hinaus nicht jede Ihrer Ungeschicklichkeiten als Niederlage im Leben wahr. Lachen Sie vielmehr über kleine Vergesslichkeiten, die Sie früher nicht kannten. Zuerst ist es das Namensgedächtnis, welches Sie im Stich lässt. Für sich gesehen überhaupt kein Problem, weil Ihnen jeder Ansprechpartner hilft. Gehen Sie damit offensiv um. Freuen Sie sich auch über Naturereignisse wie Regen und beklagen Sie nicht permanent schlechtes Wetter. Regen wird unter anderem für die Landwirtschaft benötigt. Nach allen Erhebungen haben wir in den letzten Jahren davon in Deutschland zu wenig gehabt. Übrigens: Auch wenn Sie sich nicht freuen, regnet es. Sie ändern also daran nichts.

Entdecken Sie vielmehr Ihren Humor! Welche Art von Humor haben Sie? Finden Sie es heraus!

90 % der Menschen glauben, sie hätten einen ausgeprägten Sinn für Humor. Wer will schon als humorlos gelten?! Humor hat aber unterschiedliche Facetten. Er kann als feinsinnig, hintergründig, derb, satirisch oder auf viele andere Arten etikettiert werden. Wissenschaftler wollen in Studien herausgefunden haben, dass kreativ-chaotische Menschen eine Vorliebe für absurden Nonsens besitzen. Sie erkennen sie vermutlich daran, dass sie morgens beim Rasieren im Bad Lieder mit neu erfundenen albernen Texten singen und sich darüber kaum einkriegen können … gilt jetzt mal für die Männer. Woher ich das weiß? Raten Sie mal …!
Obwohl ich meinen Humor mit sowohl als auch umschreiben würde. Derbe Albernheiten mag ich ebenso wie feine Spitzen. Dabei gefällt mir besonders Loriot, der wie kein anderer Humor aus menschlichen Kommunikationsdefiziten entwickelte. Auch wenn seine Werke schon einige Jahrzehnte alt sind, trifft er stets den Nagel auf den Kopf und ist immer noch aktuell.
Und er hilft bei der Suche nach dem „richtigen“ Humor.
Damit wir das Alter mit Humor nehmen können. Uns bleibt nichts anderes übrig. Lachen mindert Stress und löst Konflikte. Es hat mithin heilende Wirkung. Genießen Sie es!

Ende

Der Autor Helge Holm

Helge Holm, geboren 1960, ist Dipl.-Verwaltungswirt, Dozent, Buchautor und Musiker.

Nach einer Verwaltungsausbildung und einem anschließenden Fachhochschulstudium war er lange Jahre in der Kommunal- und Landesverwaltung tätig. Seine Arbeitsschwerpunkte lagen in der Finanz- und Haushaltsplanung, Haushaltskonsolidierung sowie betriebswirtschaftlichen Fragestellungen.

Helge Holm betätigt sich bereits lange Jahre als Musiker und Komponist und hat drei CDs herausgegeben. Ein weiteres Album befindet sich in der Fertigstellung.

2018 veröffentlichte er das Buch „Erfolg im Musikbusiness – Wissenswertes über Popularmusik“, erschienen im Fidelio-Verlag.

2019 erschien mit „Haushaltskonsolidierung in Kommunen – Wege aus der Finanzkrise“ sein zweites Werk im Haufe-Verlag.

2020 wurde mit „Generation Babyboomer“ seine autobiographisch geprägte Sicht auf das Zeitgeschehen der letzten 60 Jahre in Deutschland im DeBehr-Verlag veröffentlicht.

2021 veröffentlichte der Haufe-Verlag das Buch „Entscheidungsmethoden in der öffentlichen Verwaltung – sicher, wirtschaftlich, transparent“.

Mehr von Helge Holm bei DeBehr

Der bekannte Musiker, Autor und Schauspieler Helge Holm gehört der Generation der Babyboomer an, jenen geburtenstarken Jahrgängen, die in einer Zeit aufwuchsen, welche gehörige Umbrüche brachte. Massive politische, wirtschaftliche, gesellschaftliche und nicht zuletzt technische Neuerungen standen an, quasi über Nacht wurde Vieles ganz anders, und so wurden die Boomer gezwungen, sich neu auszurichten. In seinem Buch beschreibt der Autor, wie diese Umbrüche sein Leben schicksalhaft beeinflussten und er das Beste daraus machte. „Verstehen kann man das Leben rückwärts; leben muss man es aber vorwärts", diese Weisheit haben die Babyboomer mehr als verinnerlicht. - Sie sind ein Babyboomer oder wollen wissen, wie

Babyboomer ticken? - Sie suchen eine Herausforderung, vielleicht gerade in Ihrer 2. Lebenshälfte? - Sie sind mit Ihrem Leben nicht zufrieden und brauchen Anregungen, um etwas zu verändern? - Sie suchen Erfolgsrezepte und haben noch nie etwas von Frugalisten gehört? - Sie interessieren sich für schicksalhafte und interessante Lebensläufe? - Sie befinden sich permanent im Unruhestand? - Sie interessieren sich für deutsch-deutsche Begegnungen? - Sie wollen wissen, wie ein 60-jähriger Mensch seine Kindheit und die Zeit des „Damals“ und „Heute“ reflektiert? - Sie wollen wissen, wie man ohne Computer, Internet und Handy überhaupt existieren konnte? - Sie sind künstlerisch interessiert? - Sie wollen wissen, wie man einen Burn-out überwindet? - Sie leben eigentlich im falschen Leben? Dann lesen Sie dieses Buch!

Paperback mit 240 Seiten. Preis: 11.95€, ISBN: 9783957537362